Toma de decisiones
Más allá de la intuición

JESÚS RODRÍGUEZ-GÓMEZ

DEDICATORIA

A Benita

TABLA DE CONTENIDOS

Agradecimiento i

Presentación 1

1 Problemas y toma de decisiones 4

2 Modelos de toma de decisiones 12

3 Toma de decisiones individuales 21

4 Toma de decisiones grupales 29

5 Toma de decisiones organizacionales 38

6 Toma de decisiones en condiciones de incertidumbre 45

7 El liderazgo 51

8 Estilos de liderazgo y el poder en las organizaciones 60

9 Liderazgo y comunicación 71

10 Innovación organizacional 77

11 Las reuniones 83

12 El equipo de trabajo 91

13 La motivación 99

14 El desempeño y su recompensa 104

15 Producción y productividad en las empresas 109

16 El conflicto organizacional 116

17 Epílogo 124

Referencias y notas 126

Acerca del autor 130

AGRADECIMIENTO

A mis colegas y amigos, coautores anónimos de este libro, mi vívido agradecimiento. Las imágenes fueron hechas por Aída Rodríguez y la portada diseñada por Jesús Rodríguez y Anabella Spinetti, del equipo de la empresa Witec (www.witec.net); a ellos y a quienes leyeron e hicieron sugerencias al manuscrito: Benita Camacho Buenrostro, Marielena Rodríguez, Noraima Bolívar y Samuel Pedraza, les expreso mi sincera gratitud. De igual forma, me he visto beneficiado por la hospitalidad de la Biblioteca de Ciencias Sociales y Humanidades y de la Biblioteca Central "Luis Arturo Velázquez" del Centro Universitario de Ciencias Económico Administrativas, ambas de la Universidad de Guadalajara, en la ciudad de Guadalajara, en Jalisco, México; gracias a estas instituciones. Una mención especial merece la gentileza del artista plástico Rubén Hernández Andreu (www.rubenandreu.net), por haber permitido el uso de su obra *Lector de poemas* en la portada del libro: la multiplicidad de mensajes en ese dibujo hablan por sí solos.

PRESENTACIÓN

Si bien en algunas ocasiones podemos decir que actuamos por intuición, corazonada, instinto, o incluso premonición, la complejidad y variabilidad del mundo actual nos obligan a conocer métodos y técnicas más confiables de cómo tomar decisiones que nos produzcan una mayor satisfacción personal y profesional. Este libro pretende cumplir ese propósito: ir más allá de la intuición.

La toma de decisiones surge desde que el individuo adquiere conciencia tanto de su necesidad de sobrevivir en el medio en que se encuentra, como de convivir con quienes le rodean. Por ello, nada es más cotidiano que este proceso que ejecutamos a veces por simple costumbre, tal como elegir la vía que tomamos para ir al trabajo, o el café que tomamos en la tarde para quitarnos algo de pereza, o los detergentes que usamos en nuestros hogares. Pero también lo hacemos ante situaciones que tienen que ver con el futuro, sea este inmediato o mediato, tal como la inscripción en un curso para aprender un idioma o un instrumento musical, o la previsión que tomamos para adquirir una deuda por la adquisición de una casa o un vehículo, o la inversión en acciones en una bolsa de valores.

Más allá de ese plano personal o individual de la toma de decisiones, nos podemos ver también como miembros de una organización, en la que ya no son solo nuestros deseos o intereses los que nos mueven, sino también los de un conjunto de personas. En esos casos, tanto las técnicas como las estrategias cambian, debido a que los factores o variables que intervienen en las situaciones organizacionales son de mayor complejidad que las que han de considerarse para las individuales.

Ciertamente, en las organizaciones aparecen conceptos como liderazgo, dirección, pensar-grupal, desempeño, productividad, conflicto, entre otros, que poseen una complejidad tal, que se requiere un conocimiento de sus características para poder convertirlas en factores de eficiencia organizacional. En virtud de ello, este libro tiene entre sus propósitos presentar de manera amena esos y otros conceptos, estableciendo una relación entre ellos y algunas obras literarias que han sido parte de la formación y de las vivencias del autor; esto va más allá de una cuestión de estilo: es la evidencia de cuán estrechamente relacionada está la toma de decisiones en todos los ámbitos de nuestras vidas.

El libro está dividido en dieciséis capítulos más el epílogo, y puede ser leído comenzando por cualquiera de ellos, siempre teniendo en cuenta que lo que los vincula es el proceso de toma de decisiones; de allí que los conceptos tratados en cada uno alimentan y son alimentados por ese proceso fundamental de toda organización.

También el lector podrá observar cierta inclinación del autor a hacer uso de modelos o esquemas; es solo una manera de simplificar, por razones pedagógicas, la presentación de los conceptos y los elementos que los conforman. En todos esos modelos o esquemas sus componentes deben ser vistos como factores interdependientes, pues el autor parte de una visión indivisible, holística de la gestión empresarial.

Siguiendo el ejemplo de honradez de muchos autores de quienes he disfrutado sus escritos, yo también quiero referirme a las limitaciones de este libro. En primer lugar, aunque los temas y conceptos son tratados con rigor, he sacrificado la amplitud de su abordaje; ello obedece a un deseo de que el libro sea práctico y "de bolsillo"; en todo caso, podría servir de excusa que, debido a la inmensa cantidad de información que se genera cada segundo hoy en día, es imposible ser exhaustivo en cualquier tema. En segundo lugar, pareciera que se obvia el papel de la tecnología en un mundo definitivamente signado por ella. Esto ha sido ex profeso, y se debe a que con el tiempo me he ido convenciendo de que mejor que las "tecnologías de punta" son las "ideas de vanguardia", y que el principal reto de las nuevas tecnologías es precisamente implementar las ideas nuevas y las no tan nuevas. El ejemplo más obvio de esto es precisamente la toma de decisiones, que en todo el siglo pasado se convirtió en un objeto de estudio para crear programas que ayudaran a mejorar las decisiones gerenciales. Y aunque se han hecho notables contribuciones en esta área, aún queda mucho por hacer, sobre todo en el manejo de la incertidumbre y las situaciones imprevistas. El autor proviene precisamente del área tecnológica, y por ello está advertido de las limitaciones de ésta, y de los interesantes desafíos que implica la aplicación de estas herramientas en la gestión empresarial. Y en tercer lugar, ningún libro debería tener a solo un autor, pues la gran mayoría de las ideas expuestas son siempre el resultado de diálogos fructíferos con colegas, profesionales y amigos que muestran interés e impulsan estas ideas. No obstante, los errores u omisiones del libro son responsabilidad exclusiva del autor.

En *El cuaderno de Maya*, Isabel Allende hace decir a Maya: "A mi Niní siempre le ha molestado el artificio de un final feliz en los cuentos infantiles, cree que en la vida no hay finales sino umbrales, se deambula por aquí y por allá, tropezando y perdiéndose". En un umbral dejo este libro, y al lector la decisión de enriquecerlo con sus vivencias.

Jesús Rodríguez Gómez
Caracas, noviembre 2011

1

PROBLEMAS Y TOMA DE DECISIONES

La toma de decisiones

¿Qué haré hoy? ¿Estudio o voy a la playa? ¿Compro dólares o invierto en la Bolsa de Valores? ¿Abordo este conflicto ahora o espero? En la elección que hace un individuo al plantearse estas opciones está implícito un proceso complejo que envuelve diversos factores, tales como su personalidad, su estado de ánimo, su capacidad intelectual, su formación cultural, el ambiente social y económico, entre otros. La elección que haga, además, llevará consigo unas consecuencias que en ciertos casos se conocerán exactamente y en otros no. Al proceso de evaluación de estos tres elementos, a saber: la situación, el planteamiento de las opciones y sus consecuencias, y la elección de una de esas opciones, es lo que se llama generalmente proceso de toma de decisiones del individuo.

Pero, ¿qué tan a menudo hacemos esta evaluación, qué tan consciente estamos de ello? Veamos este pasaje de *Leonora* (1), en el que Leonora Carrington dialoga con Remedios Varo, su amiga entrañable, quien le pregunta:

- ¿Quién es Renato?
- Es mi razón de estar en México
- ¿Lo preferiste a Max?

- No sé. Supongo que sí, porque estoy frente a ti y no en Nueva York.
- ¿Esa fue la decisión que tomaste?
- No sé si fue una decisión, creo que nunca he tomado una decisión en mi vida.
- Sí que las has tomado. Decidiste dejar a tus padres.
- Todo hijo deja a sus padres en un momento dado. A mí, Remedios, las cosas me suceden.

Seguramente la respuesta de Leonora: "A mí, Remedios, las cosas me suceden", no se ajusta a lo que fue su vida, que estuvo plena de decisiones trascendentales para sí, y para su familia y sus amigos. De igual manera, difícilmente hoy a un gerente, que debe asumir tantas responsabilidades en la dirección de una organización o empresa, se le escuche decir: "A mí las cosas me suceden".

Cuando se dice que un gerente, un directivo, un empleado o alguno de nosotros "hace bien las cosas", eso significa que sus decisiones son *de buena calidad*, o también, *de calidad*, es decir, decisiones "que conducen a resultados satisfactorios para el decisor y la organización". Que un directivo o un gerente tome decisiones de calidad tiene repercusiones tanto en su vida profesional como en el de la organización, por cuanto al contribuir a mejorar el funcionamiento de ésta, también aumenta su prestigio como decisor.

En un día cualquiera, una persona decide acerca de muchas situaciones, unas de mayor importancia que otras, unas que corresponden a situaciones rutinarias y otras a imprevistos, unas simples y otras complejas. En esos casos, esa persona seguramente evaluará un conjunto de factores y circunstancias de la situación y de su entorno, y con base en ello tomará una decisión. Y sea como individuo, como miembro de un grupo o de una organización, es esencial saber tomar decisiones de calidad.

Obsérvese que al asociar una decisión de calidad con resultados satisfactorios, se hace énfasis en la evaluación de la decisión, y deja implícito que ha habido un proceso en el que se ha hecho uso de un modelo o de un método efectivo para tomar la decisión. Los modelos de toma de decisión serán tratados en el siguiente capítulo.

¿Qué es un problema?

Un problema es una situación en la que se dan tres elementos: a) existe un estado inicial que se desea cambiar a otro, con miras a una meta a alcanzar, b) existe algún impedimento para alcanzar esa meta, y c) existe una persona, un grupo o una organización que desea cambiar el estado inicial. También se dice, más sencillamente, que un problema se presenta cuando existe una diferencia entre una situación *real* y una situación *deseada*.

> Advertencia de Mariano Picón Salas (2): la palabra "problema" es "palabra asediante y a veces demasiado enigmática si no se le penetra bien, que al pronunciarla parece que se traga toda explicación y por ello es tan favorecida de quienes nada pueden explicar".

Siguiendo a este insigne narrador venezolano, hagamos uso apropiado de la palabra problema ante aquellas situaciones que requieran de decisiones relevantes.

Definición del proceso de toma de decisiones

El proceso de toma de decisiones es fundamental en toda organización. Pero, igual que muchos otros conceptos del ámbito social, la toma de decisiones envuelve múltiples factores que dificultan dar una definición única o universal. Veamos este pasaje cotidiano.

Virginia, con un mapa en sus manos, se acercó a Alejandro y le preguntó adónde quería ir. "A una casa-museo", respondió él y agregó: "¿Y a ti?.". "A mí me gustaría ir a un museo de miniaturas", dijo ella.

Alejandro prefiere la casa-museo, pues allí "es como si el tiempo presente se detuviera. Me gusta retomar esos instantes vividos por otros, con quiénes vivieron, cómo trabajaban, dónde dormían, o cómo hacían el amor". Por su parte, Virginia afirma que "en un museo de miniaturas destaca la laboriosidad de los artistas para construir un mundo de dimensiones reducidas, como si de esa manera pudiéramos asirlo y comprenderlo mejor".

En qué momento -si en la mañana o en la tarde- irán a uno o a los dos sitios, y cuánto tiempo estarán en cada uno de ellos, son dos criterios adicionales para tomar la decisión de su paseo del día.

Que el tiempo aparezca en ese diálogo como criterio para preferir uno u otro lugar que visitar, además del papel que juegan los valores, no resulta sorprendente, pues en la toma de decisiones esos criterios son esenciales, tal como veremos a continuación.

Intentemos dar una definición de la toma de decisiones:

> "Es un proceso humano en el que intervienen factores individuales y sociales, basado en premisas reales y en valores, que conduce a la elección de una entre varias opciones, con la intención de llevar una situación desde un estado inicial a un estado diferente, en un tiempo determinado".

Aquí hacemos la acotación de que una decisión no está asociada necesariamente a la resolución de un problema. Por ejemplo, la obra de un artista puede responder a un momento de inspiración, puede surgir de un deseo de expresarse, con lo cual puede estar o no resolviendo un problema. Por otra parte, un problema de contaminación ambiental o de salud pública sí requiere tomar decisiones; y en este caso incluso se puede dividir el problema en subproblemas, en cada uno de los cuales seguramente se tomarán decisiones.

Cuando se afirma que la toma de decisiones se basa en "premisas reales y en valores", se quiere decir que se debe partir de un análisis de las condiciones objetivas de la situación, y que en ello juega un papel importante el juicio que se haga de esas condiciones; y en esto influyen, principalmente, los valores y las creencias del decisor. Por ejemplo, cuando se trata de edificar una escuela, el juicio acerca de dónde se construirá -si es en una zona de alta o de baja densidad poblacional- será diferente para un ingeniero, un economista o un educador. Cada uno de estos profesionales analizará la situación desde su formación, sus valores y sus creencias.

De igual forma, cuando se dice que el proceso de toma de decisión debe darse en un lapso determinado, se quiere resaltar el papel que juega el tiempo. En efecto, algunas veces se utiliza la expresión "más vale tarde que nunca" para justificar la pérdida de una oportunidad en una situación. También, a menudo se dice que "el tiempo dirá", o se deja "pasar el tiempo", o quien debe decidir se queda de "brazos cruzados", hasta que son las condiciones externas las que imponen las decisiones que se deben tomar. El sabio dicho popular: "No dejes para mañana lo que puedas hacer hoy" recoge, por una parte, la importancia de lo oportuno que deben ser las decisiones, y por otra, la frecuencia con que los decisores desdeñan el rol del tiempo.

Tomar decisiones significa, entonces, que el directivo tiene la oportunidad de plantear un conjunto de opciones, una de las cuales puede potencialmente conducir a la solución del problema. La selección de la "mejor opción" se realiza utilizando como criterios las consecuencias sociales, económicas, políticas, etc., para la organización, de manera que se pueda llevar la situación presentada a la situación deseada por el individuo, grupo u organización, a corto, mediano o largo plazo.

Tipos de decisiones

Existen varias maneras de clasificar las decisiones según las condiciones del problema o de la situación; una de ellas es con base en la pregunta: ¿quién toma la decisión? En ese caso, las decisiones pueden ser: *individual, grupal u organizacional*. Por ejemplo, una decisión de un Congreso o de una Asamblea Nacional es una decisión organizacional, así como las que se toman en una empresa petrolera. Sin embargo, dentro de esas organizaciones también se toman decisiones individuales y grupales. En este libro se estudian las decisiones con base en este criterio, es decir, quién es el responsable de la decisión, quién es el decisor.

Otra manera de clasificar las decisiones es a partir de la pregunta: ¿con qué frecuencia se presenta o se ha presentado la situación? Con base en este criterio, hay decisiones *programadas*, correspondientes a situaciones rutinarias, en las que las organizaciones establecen procedimientos específicos para manejarlas, como por ejemplo el pago de la nómina; y decisiones *no programadas*, o no rutinarias, que serían aquellas en las que existe un conocimiento incompleto de las condiciones de la situación a enfrentar, y se abordan con métodos generales, como por ejemplo cuando ocurre un terremoto o una inundación. En el siguiente capítulo se presentan diversas técnicas tradicionales y modernas de decisión, correspondientes a situaciones programadas y no programadas.

Además, las decisiones se pueden clasificar según el número de factores o atributos que caracterizan a la situación: ¿uno o varios atributos? En el primer caso se habla de una decisión ante un problema *unidimensional* y en el segundo de uno *multidimensional*. En la realidad, todas las situaciones que se presentan a diario son multidimensionales; lo que ocurre es que el ser humano las simplifica descartando factores. Por ejemplo, si usted va a comprar un carro, posiblemente sólo tome en cuenta el precio, aunque otros atributos a considerar sean cuántos kilómetros ha recorrido, el color, el modelo, en qué condiciones está, entre otros. Por otra parte, la propuesta de un nuevo servicio a una comunidad es casi inevitablemente multidimensional, tal vez por el hecho de que hay muchas personas e intereses que intervienen en las decisiones.

Existe otra manera de clasificar las decisiones, que resultaría de preguntarnos acerca de la posibilidad de conocer las consecuencias de las opciones. En tal caso, se habla de decisiones en condiciones de *certeza*, de *riesgo* y de *incertidumbre*. Una situación de certeza es, por ejemplo, la edición de una cantidad de libros con base en el costo de producción por libro o costo unitario. En este caso, se establece un conjunto de opciones, que pueden ser editar 1.000, 5.000 ó 10.000 libros; cada opción de éstas tiene una consecuencia asociada al impacto económico en la empresa. Con base en esto, se juzgará si es posible asumirlo según la situación financiera de la empresa. Obsérvese que aquí se ha tomado sólo el factor económico, aunque existen otros factores, tales como la capacidad de la empresa para almacenarlos, para distribuirlos, etc.

Así mismo, una situación de riesgo significa que las consecuencias de cada opción planteada se conocen sólo con un cierto grado de probabilidad, la cual se puede establecer. Por ejemplo, hacer una inversión en una Bolsa de Valores en bonos de deuda pública o en acciones de empresas privadas es una decisión en situación de riesgo, porque allí se podría establecer la probabilidad de obtener cierto resultado de ganancia o de pérdida. En situaciones reales, para obtener estas probabilidades se toma como referencia lo que se denomina *series históricas*, o sea, cómo ha sido la evolución de los rendimientos de esos bonos o acciones. Sin embargo, si en este mismo caso es imposible conocer o determinar esa probabilidad, bien porque los datos no son confiables o porque es la primera vez que se ofertan los bonos o acciones, se dice que la decisión se toma en una situación de incertidumbre.

Estas clasificaciones se hacen sólo para tenerlas como referencia para su estudio, pero ellas se pueden combinar. Por ejemplo, una decisión individual o grupal puede ser simultáneamente rutinaria y de riesgo; de igual modo, una decisión organizacional puede tomarse en condiciones de certeza, de riesgo o de incertidumbre. Y, tal como ya se dijo, en general todas las situaciones reales son multidimensionales.

En resumen, tanto las decisiones individuales, como las grupales y las organizacionales pueden tener características de los otros tipos de decisiones, y por ello en este libro son estudiadas bajo ese esquema.

Vistos ya los elementos esenciales envueltos en el proceso de toma de decisiones, pasemos a ver algunos modelos en el siguiente capítulo.

2

MODELOS DE TOMA DE DECISIONES

Los modelos

Aunque en el día a día los gerentes muestren mayor interés por el desempeño y la productividad, y no hagan explícita la importancia que tienen los modelos o métodos utilizados para tomar decisiones, ellos saben que éstos son indispensables, sobre todo en condiciones en las que hay tanta información y factores intervinientes que es necesario sistematizar y organizar el abordaje de las situaciones.

Existen varios modelos de toma de decisiones; todos ellos plantean el cumplimiento de una serie de fases o etapas. En general, en esos modelos las fases se relacionan entre sí y se presentan de manera secuencial, aunque al aplicarlos no ocurre así, pues normalmente se vuelve a una fase cuando se está trabajando con otra, en una actividad de revisión constante, y ello se hace porque el objetivo final es mejorar la calidad de la decisión; esa característica de los modelos se denomina no linealidad, interdependencia o interactividad de sus fases.

A continuación se presentan dos modelos muy conocidos de toma de decisiones: el de Peter Drucker (3) y el de Herbert Simon (4). El modelo de toma de decisiones propuesto por Drucker tiene las fases siguientes:

1. Definir el problema
2. El análisis del problema
3. La búsqueda de soluciones alternativas u opciones
4. La decisión respecto a cuál es la mejor solución
5. Conversión de la decisión en acción efectiva.

Por otra parte, el modelo de cuatro fases propuesto por Herbert Simon, quien recibió el premio Nobel de Economía en el año 1978, tiene fases similares, ellas son:

1. Inteligencia
2. Planteamiento de opciones o posibles cursos de acción
3. Selección de una opción o de un curso de acción
4. Implementación y evaluación

Las fases de la toma de decisiones

Será el modelo de Simon el que tomaremos como base para el análisis de situaciones en las que haya que tomar decisiones, y por ello describimos cada una de sus fases.

En la *fase de inteligencia* se debe recopilar la información relevante del problema. Esta fase es importante porque en ella se hace un análisis del contexto de la situación, se identifican los factores que intervienen, y con ello el tipo de decisión que corresponde: programada o no, individual, grupal u organizacional, de certeza, riesgo o de incertidumbre, etc. Esta fase es esencial, pues en ella se definen los atributos que habrán de caracterizar a las opciones y se determinará tanto su variedad como su pertinencia. Si en esta fase se presentan deficiencias, ello conducirá a una decisión sesgada o de baja calidad, y no permitirá resolver efectivamente el problema.

Con base en la fase anterior, en la siguiente *se plantean las opciones* y se establecen las consecuencias sociales, económicas, políticas, etc., para cada una de ellas, además de una valoración de la probabilidad de que ocurran esas consecuencias, según el contexto en el que se trabaje. En el planteamiento de las opciones se recomienda una consulta amplia de distintos puntos de vista; incluso, se puede hacer una encuesta entre las personas involucradas en el problema, así como consultar a expertos, si la situación lo amerita. Es posible que en esta fase se plantee una opción para la que se requiere buscar nueva información, en cuyo caso habría que volver a la fase anterior, con lo que se muestra la interactividad y no linealidad del modelo. En cuanto a la función del gerente o líder, éste debe evitar plantear la situación en términos de una opción ya conocida.

Luego de presentar las opciones que potencialmente conduzcan a la solución del problema, *se selecciona la opción* que haya sido valorada como la mejor, según sus consecuencias. Existen muchos modelos para evaluar las opciones; los más conocidos y aplicados son:

> Tomemos como ejemplo para ilustrar estos modelos el caso de que usted tenga que adquirir un vehículo, y tiene dos opciones. Los atributos que usted escogería podrían ser (¡los atributos deben ser iguales para ambas opciones!): año, tracción (automática o sincrónica), color y precio. Supongamos que tiene dos opciones: la opción A es un vehículo de color azul, automático, modelo 2010 y su precio es de 8 u.m. (unidades monetarias), mientras que la opción B es un vehículo verde, sincrónico, modelo 2011 y su precio es de 7 u.m.

- *Dominación*: es la valoración de cada uno de los atributos de una opción mejor que los de otra. Por ejemplo, si usted prefiere el vehículo azul al verde, que sea automático a sincrónico, el modelo

2010 sobre el 2011, y prefiere pagar 8 u.m. antes que 7 u.m., se dice que usted ha utilizado el modelo de dominación, por cuanto todos los atributos de la opción A son preferidos a los de la opción B.

- *Maximín*: consiste en resaltar (maximizar) el aspecto peor valorado, con independencia de la valoración de otros atributos, para descartar esa opción. Por ejemplo, si usted considera que es mejor el color verde, que prefiere el modelo 2011 y le parece un mejor precio 7 u.m., pero no le gusta que sea sincrónico, entonces, si selecciona la opción A, se dirá que usted ha utilizado el modelo maximín, pues ha hecho énfasis en la peor valoración de uno de los atributos.

- *Maximáx*: consiste en destacar (maximizar) el atributo mejor valorado, independientemente de la valoración de otros atributos. Por ejemplo, si usted prefiere el modelo 2011, le gusta que sea sincrónico y le parece mejor el precio de 7 u.m., pero prefiere el vehículo azul al verde, entonces, si selecciona la opción A, se dirá que usted ha utilizado el modelo maximáx. Coloquialmente se le conoce como el modelo "del enamorado".

- *Lexicográfico*: es un modelo de dos fases, pues primero se ordenan los atributos por su importancia, y luego se valoran para cada opción. En el ejemplo que estamos tratando, si usted considera que lo más importante de un vehículo es que sea reciente, seguramente elegirá la opción B.

- *Conjuntivo*: es un modelo que plantea establecer criterios mínimos para cada atributo. Si la opción A cumple con ese umbral para *todos* sus atributos y la opción B también salvo en uno, se escogerá la opción A, independientemente de que la opción B tenga algunos atributos mejor valorados que la opción A. Tal como su nombre lo indica, los atributos se evalúan de manera conjunta. Este modelo se emplea usualmente en selección de personal.

- *Disyuntivo*: igual que el anterior, también plantea establecer criterios mínimos para cada atributo, pero estos son considerados independientes entre sí, de modo que se seleccionará aquella opción que satisfaga el criterio mínimo para algún atributo. También se utiliza principalmente en selección de personal, para ir descartando candidatos.

- *Costo-beneficio*: es un modelo en el que se establecen los costos a las cantidades de productos a ser producidos, y se utilizan fórmulas matemáticas para evaluar la conveniencia de una opción sobre otra. Se utiliza principalmente en empresas manufactureras.

- *Aditivo lineal*: consiste en la valoración de cada atributo de cada opción, y la asignación de una probabilidad de que la consecuencia asociada a ese atributo se presente. Luego se utiliza una fórmula matemática y, según el resultado, se seleccionara aquella con mayor índice. Obviamente, se emplea cuando es posible conocer tales probabilidades.

- *Aditivo no lineal*: se procede igual que en el caso anterior, pero considerando la interactividad o posible dependencia entre los atributos de una opción.

Quizás usted prefiera pensar en un ejemplo un poco más real que el anterior: Considere que en la empresa u organización donde usted labora se propone implementar un sistema de incentivos y recompensas. Supongamos que el Departamento de Recursos Humanos hace una propuesta y que el Sindicato de Empleados hace otra. En este caso, se podrían establecer cuatro atributos, por ejemplo: el legal, el económico, el social y el técnico-administrativo. Bien, reflexione acerca de las consecuencias (impacto) de las propuestas con respecto a cada uno de estos atributos… y ¡decida!

Igual que muchos otros, estos modelos han sido inferidos de estudios del comportamiento de las personas ante diversas situaciones de selección de productos de consumo masivo, tales como jabones, cremas dentales, salsas comestibles, etc. Por esa razón, ellos son modelos descriptivos antes que normativos, de modo que sólo deben tomarse como guía o referencia en la toma de decisiones. No obstante, en ciertas situaciones o contextos específicos pueden ser aplicados de manera normativa si el decisor lo considera útil.

Una explicación detallada de estos modelos no está dentro de los propósitos de este libro; aquí se mencionan sólo para hacer énfasis en la diferencia entre seleccionar una opción y tomar una decisión.

Finalmente, se *implementa* la opción seleccionada, y se hace la *evaluación* del impacto de la misma. En la evaluación es importante contrastar las consecuencias previstas con las reales; esto permitirá hacer la revisión oportuna de la puesta en práctica de la opción seleccionada y realizar los ajustes necesarios. Es después de este proceso de evaluación que se puede decir que el proceso de toma de decisiones ha sido completado.

Técnicas tradicionales y modernas de decisión

Se ha dicho previamente que existen decisiones programadas y no programadas. En este momento es necesario hacer dos precisiones: a) estos tipos de decisiones no se excluyen entre sí, por lo que en una situación podrían tener que tomarse decisiones tanto programadas como no programadas; b) una decisión no programada podría convertirse en una decisión programada; por ejemplo, en la labor que realizan los grupos de socorro y de seguridad, tales como el Cuerpo de Bomberos o Protección Civil, normalmente ellos se encuentran ante situaciones no rutinarias, de emergencia, pero en su entrenamiento ellos elaboran un conjunto de instructivos o manuales para enfrentarlas con máxima eficacia y mínimo riesgo. Igual ocurre con las emergencias en la aviación, en donde hay todo un conjunto de procedimientos ante situaciones inusuales.

Toda organización enfrenta día a día situaciones o problemas que requieren el diseño de decisiones programadas o del establecimiento de criterios para abordar las no programadas. Hasta ahora, las técnicas más estudiadas en las organizaciones han sido las correspondientes a las situaciones programadas. Esto se debe a que para la gran mayoría de las organizaciones el entorno puede ser considerado en muchos aspectos como estable; de hecho, la aparición del computador ha ayudado en mucho a mejorar los procesos de toma de decisiones en organizaciones que no dependen sensiblemente de los cambios ambientales o del entorno. Ejemplos de ello son las organizaciones escolares, los bancos, las empresas productoras de bienes tales como calzado, alimentos, etc.

En los casos de organizaciones con una estructura sencilla, es decir, de pocos empleados y poca variedad de oferta de productos, son normales los procedimientos tradicionales manuales o de escasos recursos computacionales, siempre que ellos garanticen la fluidez de la información y la satisfacción de sus objetivos. Si la organización tiene una estructura compleja, con un gran número de empleados, con agencias separadas geográficamente, una alta variedad de oferta de productos, o si sus actividades dependen sensiblemente del entorno, entonces es necesario que utilice técnicas modernas de decisión, tales como simulaciones en computadora para analizar, por ejemplo, escenarios de compras de insumos y ventas de sus productos. Si es una empresa de servicios, entonces es necesario poder anticipar las necesidades de la comunidad, y la capacidad de la organización para satisfacer tales demandas.

Aunque una organización puede estar operando durante un tiempo sin situaciones de emergencia, podría ocurrir que ello cambie inesperadamente. En un caso real, una universidad de reconocido prestigio se encontró envuelta repentinamente en emergencia ante cuatro hechos de aparente sabotaje:

1. Las personas encargadas del mantenimiento de la piscina echaron una cantidad excesiva de cloro en ella, lo que provocó afecciones en la vista de la mayoría de los usuarios, y obligó a cerrar las instalaciones durante cierto tiempo.

2. En el Departamento de Transporte, un camión cisterna cargado con gasoil vació su contenido en el tanque que tenía 600 litros de gasolina para el uso de los vehículos de la institución. La liga del gasoil con la gasolina ocurrió en presencia de un empleado que llevaba varios años en ese departamento, y cuando se le pidió que firmara el acta de lo ocurrido, se negó a firmarla; más aun, el sindicato se negó a firmarla.

3. Cuando se hizo la emisión de cheques de preparadores, becarios, pasantes, etc., los cheques aparecieron con fecha adelantada, aunque en la prenómina estaban fechados correctamente; esto provocó que los cheques no pudieran ser cobrados.

4. En la Sección de Deportes fue nombrada una persona luego de una serie de reuniones con las personas interesadas, en las que se manifestó el apoyo a ese nombramiento. Posteriormente, se produjeron protestas porque el nombramiento se había realizado "de manera inconsulta".

Sin entrar en los detalles de la resolución de estas situaciones, ello hace evidente la consideración de las decisiones no programadas. En el capítulo 6 volveremos a mencionar este caso.

Ante situaciones inesperadas, o no programadas, o que se presentan ocasionalmente, o que las condiciones en que ocurren varían rápidamente de un momento a otro, o cuando hay ambigüedad en la interpretación de los datos o hechos asociados a la situación, es necesario implementar *soluciones creativas*. Algunas técnicas para ello serán estudiadas en el próximo capítulo.

Aunque es imposible prever todas las consecuencias en una situación, es importante desarrollar acciones de anticipación. Es decir, no se debe esperar a que se presente un problema para pensar en la manera de abordarlos; esto se puede lograr con estrategias tales como los simulacros, en los que intervienen personas directamente, o mediante la simulación virtual con el uso de tecnologías computacionales.

Las empresas tecnológicas, las fuerzas de seguridad pública, los grupos de atención a situaciones de emergencia o de riesgos, etc., son ejemplos de organizaciones en las que se deben utilizar técnicas asociadas a situaciones no programadas o imprevistas. Si el ámbito de acción de estas organizaciones es pequeño geográficamente, ello puede dar lugar al uso de criterios intuitivos, creativos, y a que algunos individuos destaquen por su efectividad personal. En otros casos, es necesario el abordaje mediante enfoques heurísticos.

Cuando se habla de soluciones heurísticas, se trata de enfrentar una situación compleja mediante criterios cualitativos (no cuantitativos) de comparación, analogías, generalización, inducción, etc. Estas técnicas pueden conducir directa o indirectamente a la comprensión del problema, y a encontrar los caminos y estrategias de su solución.

Ya veremos, en lo que sigue, que estos conceptos y modelos tratados en los dos primeros capítulos serán válidos para analizar las decisiones individuales, grupales y organizacionales. Continuaremos con las decisiones individuales en el próximo capítulo.

3

TOMA DE DECISIONES INDIVIDUALES

El juicio humano

Para entender el juicio que los humanos hacemos acerca de diversos aspectos de nuestra vida cotidiana y en las organizaciones, debemos partir de que los procesos mentales o cognitivos de un individuo se activan básicamente a través de los sentidos, pero éstos tienen evidentes limitaciones. Veamos este pasaje de *El Ojo* (5):

> Dijo el Ojo un día: "Veo, más allá de estos valles, una montaña velada por una bruma azul. ¿No es hermosa?".
> El Oído escuchaba, y luego de atender intensamente por un rato, dijo: "Pero, ¿dónde hay una montaña? No la oigo".
> Entonces la Mano habló: "Trato en vano de sentirla y tocarla, y no encuentro montaña alguna".
> Y la nariz dijo: "No existe montaña alguna; yo no puedo olerla".
> Entonces el Ojo se volvió hacia otro lado, y todos comenzaron a hablar sobre la extraña alucinación del Ojo. Y dijeron: "Algo funciona mal en ese Ojo".

El pasaje describe no solo las limitaciones de cada sentido, sino cómo cada uno desdeña la perspectiva del otro, pero eso lo trataremos luego, en el capítulo 12 acerca de los equipos.

Limitaciones del ser humano para procesar información

En atención a lo anterior, es necesario conocer las limitaciones de los individuos para procesar información, algunas de las cuales son: percepción parcial de la información, procesamiento secuencial, y reducida capacidad de procesamiento y de almacenamiento en la memoria (6).

El ser humano puede apreciar sólo una pequeña fracción, aproximadamente un setentavo, 1/70, de su campo visual. Debido a esa percepción de sólo partes de una situación, el ser humano tiende a proyectar o a completar el campo visual a veces con elementos ajenos a lo que percibe. No es extraño escuchar que ante la obra de un artista dos personas comenten distintos detalles y que se formen opiniones diferentes acerca de esa obra. Tómese como ejemplo *El jardín de las delicias* (7), de El Bosco, en donde la multiplicidad de imágenes conduce a su vez a una multiplicidad de visiones y de lecturas de su mensaje.

Debido a la limitación anterior, el ser humano debe procesar la información de manera secuencial, y esto lo puede conducir a establecer relaciones causa-efecto o causas-consecuencias que no siempre corresponden a la realidad. Recuérdese que en la fase de planteamiento de las opciones del modelo de toma de decisiones es necesario juzgar las consecuencias de cada opción, por lo que el establecimiento de relaciones causas-consecuencias influye directamente tanto en la calidad de las opciones como en la decisión que se tome. Es por esta razón que es de mucha importancia consultar diversos puntos de vista en esa fase del proceso de toma de decisiones, para contrarrestar la posible parcialización del juicio del decisor.

Por otra parte, la restringida capacidad de memoria y de procesamiento de información de un ser humano le impide almacenar, procesar y evocar *todos* los datos de una situación, y convertirla en información relevante para tomar una decisión. Esta limitación le conduce bien a hacer uso de herramientas tecnológicas o a buscar el apoyo de otras personas.

En conjunto, estas limitaciones obligan a concluir que algunas maneras de mejorar la calidad de las decisiones son: a) conformar equipos de trabajo, a objeto de buscar información y distribuir las tareas, b) integrar equipos multidisciplinarios, con el fin de aumentar la amplitud y profundidad de los análisis, y c) hacer uso de las tecnologías, para el almacenamiento y procesamiento de la información de manera efectiva y eficiente.

Además de estas limitaciones "internas", o propias de todo ser humano, también existen limitaciones provenientes de las condiciones ambientales y culturales, así como de la formación profesional de un individuo, que inciden en el punto de vista desde el cual se perciben las dimensiones de un problema. Por ejemplo, al considerar la posibilidad de construir un hospital en una comunidad, no es lo mismo el punto de vista de un ingeniero que el de un médico o el de un paciente, puesto que un ingeniero analizará el terreno y los costos de materiales y equipos, mientras que un médico pensará en el número de pacientes a atender y la adecuación del edificio para los fines específicamente asistenciales, y un paciente seguramente verá los servicios médicos que ofrece y cuán cerca está de su hogar.

Otra limitación, que mencionamos en el capítulo 1, es el tiempo del que se dispone para tomar la decisión. Por supuesto, esta limitación podría provenir del número de tareas que tiene que realizar un directivo o un grupo de trabajo, pero lo que se quiere destacar aquí es que esto provoca que muchas veces se tenga que hacer uso de información incompleta, lo cual, obviamente, afecta la calidad de la decisión a tomar.

En un ambiente estable, con pocos cambios, estas limitaciones podrían ser minimizadas y podrían no representar un problema, pero en ambientes que cambien rápidamente esto podría conducir a tomar decisiones equivocadas.

En conclusión, para emitir un juicio el ser humano hace evaluaciones que usualmente distan mucho de lo óptimo. En lugar de ello, el ser humano busca las más de las veces dar respuestas "satisfactorias" (8), lo que en cierta forma pone en entredicho la analogía del cerebro con un computador.

Asuntos de percepción y de lógica

La mayoría de las decisiones que tomamos están basadas en los juicios que nos formamos y que, poco a poco, en el transcurso de nuestras vidas, pasan a constituir un sistema de razonamiento que da fundamento a las opciones que planteamos ante una situación dada y finalmente a la opción seleccionada. Pero, ¿cuánto podemos confiar en que nuestros juicios se corresponden con la realidad? Veamos estos tres ejemplos, en los que se muestra el contraste entre nuestras percepciones y lo que puede ser deducible lógicamente. En las notas numeradas aparecen las respuestas, así que, como ejercicio, trate de dar una respuesta antes de verlas.

Contraste 1 (9)
Una pareja de gatos recién tuvieron cuatro gaticos. ¿Cree usted que sea más probable que hayan tenido dos de un sexo y dos de otro? (10).

Contraste 2 (11)
Usted va a realizarse un chequeo médico para detectar si tiene tuberculosis; el estudio incluye un examen de rayos X. Usted se siente bien de salud, y considera que la probabilidad de que tenga tuberculosis es de 1 en 200. Usted sabe, además, que los exámenes

de rayos X no son absolutamente confiables, y le dicen que, en efecto, tienen una confiabilidad de 95%. Días más tarde, los resultados le indican que usted tiene tuberculosis. ¿Qué probabilidad, ahora, cree usted de tener tuberculosis? (12).

Contraste 3 (13)
Un taxi se ve envuelto, durante la noche, en un caso de atropello y huida. En la ciudad operan dos líneas: la verde y la azul. Ahora bien, 85% de los taxis son verdes y 15% son azules; por otra parte, un testigo dijo haber visto a un taxi azul como causante del accidente. Al ser presentado ante un tribunal, el testigo fue sometido a una prueba de identificación de autos en medio de la noche, e hizo una identificación correcta en 80% de los casos. ¿Cuál cree usted que es la probabilidad de que el taxi del accidente sea verde? (14).

La creatividad

La creatividad, igual que la inteligencia o el talento, es un concepto cuya definición ha sido elusiva a los académicos. Algunos utilizan el término creatividad para indicar algo que no puede hacer una máquina, sino el ser humano, si bien hoy es posible implementar cierto potencial creativo (al menos de procesamiento de información) en un computador, por ejemplo en las máquinas *Watson* y *Deep Blue* (15).

La especialista Teresa Amabile (16) ha señalado tres componentes de la creatividad: la motivación, la experiencia y las dotes creativas. La *motivación* se entiende como un impulso que nos conduce a alcanzar nuevas metas, a enfrentar nuevos retos; la *experiencia* es una combinación de conocimiento con la reflexión acerca de ese conocimiento; y las *dotes creativas* (¿tal vez sería preferible decir *talento*?) están relacionadas con la capacidad de conducirse exitosamente en contextos nuevos. Vemos entonces que el concepto de creatividad es definido en términos de otros conceptos, acerca de los cuales no existe tampoco uniformidad de criterios para su definición.

Creatividad y toma de decisiones

En el proceso de mejorar la calidad de las decisiones, no hay duda de que la creatividad juega un papel importante. De acuerdo con lo planteado por la investigadora Amabile, todos podemos ser creativos... ¿será ello cierto? Muchos estudiosos e investigadores han tratado de indagar acerca de este proceso intrínsicamente humano que ha dado lugar al progreso de la especie humana a lo largo de la historia. No es el propósito en esta oportunidad de revisar la amplia bibliografía acerca de la creatividad; nos gustaría, sí, destacar dos conceptos asociados a ella: uno interno, propio de cada individuo, como es la *confianza*, y el otro que surge como respuesta a un entorno, la *rebeldía*; tal vez en el ámbito académico esos conceptos se dejan de lado porque son aún más difíciles de definir que la creatividad. Veamos estas palabras del artista plástico mexicano José Clemente Orozco:

> Debíamos tomar lecciones de los maestros antiguos y de los extranjeros, pero podíamos hacer tanto o más que ellos. No soberbia, sino *confianza* en nosotros mismos, conciencia de nuestro propio ser y de nuestro destino (17). (Cursivas nuestras).

Y continúa más adelante:

> ¿Por qué habíamos de *estar eternamente de rodillas* ante los Kant y los Hugo? ¡Gloria a los maestros! Pero nosotros podíamos también producir un Kant o un Hugo. También nosotros podíamos arrancar el hierro de las entrañas de la tierra y hacer máquinas y barcos con él. Sabíamos levantar ciudades prodigiosas y crear naciones y explorar el universo. ¿No eran las dos razas de donde procedíamos de la estirpe de los titanes? (18) (Cursivas nuestras).

Confianza y rebeldía son dos características de un artista, pero también de todo decisor, decimos aquí, dispuesto a desarrollar y mostrar su potencial creativo.

Antes de continuar tratando el concepto de creatividad, primero indiquemos algunos *mitos* que se han creado acerca de este concepto, y que con toda seguridad el lector habrá escuchado o leído:

- Cuanto más inteligente, más creativo
- Los jóvenes son más creativos que los adultos
- La creatividad está reservada a los audaces
- La creatividad es un acto individual
- La creatividad no se puede gestionar

Juzgue usted la validez de esas afirmaciones.

En el aspecto específico del proceso de toma de decisiones, Treffinger et al. (19) plantean que la creatividad consiste en hacer y comunicar nuevas relaciones para:

- Ampliar las posibilidades por medio del planteamiento de diversos escenarios
- Analizar las situaciones desde diferentes puntos de vista
- Plantear opciones inusuales u originales
- Mejorar los criterios para ampliar o enriquecer las opciones

En el ámbito organizacional, un directivo puede influir en las tres características de la creatividad indicadas por Amabile, mediante la asignación de tareas acordes con el potencial y las capacidades de las personas (20); también puede lograrlo dando libertad de acción y autonomía a los empleados para diseñar opciones o cursos de acción, en función de los objetivos del grupo y de la organización; y también asignando tiempo y recursos económicos para el diseño de esos cursos de acción posibles. Acerca del papel del directivo o líder volveremos en el capítulo 7 sobre liderazgo.

El ser humano, con sus limitaciones pero sobre todo con su capacidad creativa, es el sujeto central de todo proceso de decisiones; sin embargo, tal como veremos en el capítulo que sigue, la complejidad de las situaciones de hoy le exige consultar a otros y participar en decisiones grupales, por lo que el estudio de éstas es imprescindible.

4

TOMA DE DECISIONES GRUPALES

El grupo decisor

Una molécula de agua no tiene las propiedades de una gota, y ésta no tiene las de un océano. Análogamente, un grupo decisor tiene características propias, diferentes de las de un individuo. Y en virtud de que la mayoría de las decisiones de las organizaciones se toman de manera colectiva bien sea en juntas directivas, consejos, asambleas, entre otras, es importante analizar en detalle el comportamiento de los grupos.

Un *grupo decisor* es un conjunto de individuos que se relacionan entre sí para alcanzar una meta o cumplir un objetivo basado en el proceso de toma de decisiones. En lo sucesivo, cuando nos refiramos a *grupo* se entenderá que es un grupo decisor. Los grupos de trabajo y las características del trabajo en equipo se tratarán posteriormente.

Existen varios criterios de clasificación de los grupos, y con base en ellos se puede hablar de grupos abiertos y cerrados; de pequeños y grandes; de homogéneos y heterogéneos, etc. El criterio que usualmente se toma es el de su conformación, y así se habla de dos tipos de grupos: los grupos estructurados o formales y los que no tienen una estructura definida, es decir, los grupos informales o "libres". En cualquier caso, los grupos tienen vida propia, se rigen por una dinámica distinta de la de los individuos, y pueden tomar decisiones de alta calidad.

Para los grupos sin una estructura definida, que se forman con un número variable de personas, se suele proponer una serie de recomendaciones para que funcionen eficientemente; algunas de ellas son:

1. Promover la discusión de ideas, bajo la premisa de que plantear las diferencias contribuye a mejorar la calidad de las opciones a considerar.
2. Evitar enfrentamientos personales.
3. Evitar las expresiones de quién gana y quién pierde.
4. Alcanzar acuerdos luego de que se hayan analizado diversas opciones y estudiado con detalle sus consecuencias.

Técnicas para dirigir las decisiones de grupos

En los equipos estructurados o formales, en donde se pueden establecer ciertas normas de comportamiento, a las recomendaciones anteriores se pueden agregar ciertas técnicas; dos frecuentemente utilizadas son: la técnica Delfi y la técnica del grupo nominal, las cuales contribuyen a evitar la parcialización en el funcionamiento de los grupos.

La *técnica Delfi* consiste en la consulta a varios expertos mediante la entrega de cuestionarios, de manera secuencial, acerca de un problema, esencialmente con el objeto de obtener información relevante, valorar las características o los atributos de una situación, jerarquizar opciones, y evaluar las consecuencias de éstas. Esta técnica se caracteriza por no permitir la interacción entre los miembros del grupo, a fin de evitar la posible influencia entre ellos y así obtener opiniones independientes; por esta última razón, esta técnica permite ver los problemas desde distintos puntos de vista.

La *técnica del grupo nominal* reúne a los integrantes del grupo, y la discusión de ideas se presenta de manera ordenada. Esta técnica asegura que todos los miembros del grupo participen y den sus aportes, y así evita el protagonismo de alguno de ellos. Pero, lo más importante es que con esta técnica hay retroalimentación sincrónica entre las opiniones, lo cual puede enriquecer el análisis de las situaciones.

Técnicas para fomentar la creatividad en un grupo

Si bien usualmente se afirma que el proceso creativo es un acto individual, en el que una persona puede utilizar técnicas heurísticas de comparación, analogías, generalizaciones, etc., también se ha estudiado que los grupos pueden dar muestras de creatividad. La mayoría de las técnicas utilizadas por grupos para este fin presenta una serie de pasos, tales como:

1. Preparación: consiste en recopilar información y hacer ejercicios de resolución de problemas sencillos.
2. Producción: en esta fase se deben presentar las ideas creativas. Para ello se utilizan diversas técnicas, tales como:

    a) Tormenta de ideas (21), en el que, en principio, todas las ideas son buenas.

    b) Sinéctica (22), que se basa en la integración de varios individuos para definir un problema y su solución.

    c) El método K-J (Kawakita-Jiro (23)), que consiste en la estructuración semántica y causal de un problema.

    d) Análisis morfológico, basado en combinaciones de soluciones.

3. Evaluación: se trata de determinar las ideas relevantes para la solución del problema.

4. Implementación: consiste en estudiar las posibilidades de aplicación de las ideas seleccionadas.

Además, como un complemento esencial de estas técnicas, se han sugerido seis estrategias para enriquecer la creatividad dentro de una organización, ellas son:

1. Aceptación del riesgo
2. Estar abierto a nuevas ideas y nuevos métodos
3. Garantizar la libre circulación de la información
4. Proporcionar a los empleados acceso a las fuentes de información
5. Apoyar las buenas ideas por parte de los directivos
6. Recompensar a los innovadores

Sin embargo, y con todo el respeto por todas estas técnicas, recomendaciones, sugerencias, nada más alejado de la creatividad que seguir manuales o instructivos; por esta razón, si usted quiere desarrollar su creatividad… ¡hágalo a su manera!

Dificultades en los grupos de toma de decisiones

Así como en la toma de decisiones individuales se presentan las limitaciones del ser humano para procesar información, lo cual afecta la calidad de las decisiones, también en los grupos se presentan comportamientos, producto de la interacción de sus integrantes, que influyen en su eficiencia para tomar decisiones; tres de ellos son: la conformidad de algunos miembros, la polarización y el pensar-grupal (24). Las técnicas estudiadas en la sección anterior contribuyen a reducir el efecto pernicioso de tales comportamientos, pero primero veamos en qué consisten.

Conformidad
La conformidad se presenta cuando uno de los miembros del grupo prefiere ser aceptado antes que rechazado por el grupo, y por ello se

inhibe de exponer sus discrepancias con relación a algún curso de acción propuesto. Por supuesto, siempre se quiere que los grupos funcionen armónicamente, pero no si ello afecta la calidad de las decisiones.

Polarización

Este fenómeno consiste en la propensión de un grupo a asumir una conducta riesgosa, usualmente de mayor riesgo que la de los individuos por separado. Aparentemente, en el grupo se presenta un efecto de difusión (o dilución) de la responsabilidad de los integrantes del grupo ante las decisiones que se tomen, y esto hace que como grupo subestimen el peligro.

Pensar-grupal (o pensamiento-grupo)

Este efecto se presenta en grupos con una marcada tendencia a lograr el consenso *a toda costa*; sus características (o síntomas) se mencionan a continuación:

1. Poseen una ilusión de invulnerabilidad, lo que les conduce a tomar decisiones de alto riesgo.
2. Hacen esfuerzos de *racionalización* (25) para descartar advertencias de que reconsideren sus criterios.
3. Poseen una moralidad incuestionable: creen que sus razones son las únicas válidas.
4. Adoptan una visión estereotipada de los contrarios: o los demonizan o los consideran muy débiles como para contrarrestar sus propósitos.
5. Se ejerce una presión directa sobre aquellos miembros del grupo que disienten de la opinión de consenso, acusándolos incluso de deslealtad hacia el grupo.
6. Se presenta la autocensura por parte de quienes tienen opiniones disidentes del consenso, y se abstienen de expresarlas.
7. Creen actuar siempre por unanimidad.

8. Aparición de un "guardián" del grupo ante opiniones o situaciones que puedan afectar la moral y unidad del grupo.

Las consecuencias de la actuación de un grupo con estas características con relación al proceso de toma de decisiones son las siguientes:

1. No se recopila información relevante ni se consulta a expertos.
2. Se presenta un número limitado de opciones o cursos de acción, debido a una parcialización selectiva que hace que se desdeñen algunos cursos de acción que fueron juzgados inicialmente como insatisfactorios.
3. Se dedica poco tiempo a examinar los cursos de acción, obviando algunas consecuencias.
4. No se revisa el curso de acción o la opción seleccionada.

El estudio que con cierto detalle hizo Janis de este fenómeno de pensar-grupal se debe a que en las investigaciones se ha demostrado que errores bélicos históricos, tales como la invasión de Bahía de Cochinos en Cuba y la continuación de la Guerra de Vietnam, ambos hechos conducidos por los Estados Unidos de Norteamérica, y la conducta complaciente de Inglaterra ante las actuaciones de Hitler, previas a la Segunda Guerra Mundial, fueron producto de este fenómeno en los grupos de decisión. Sin embargo, debido a que la mayoría de las decisiones que se toman en las organizaciones son colectivas, desde las del alto nivel de dirección, por juntas directivas, consejos, etc., hasta las de equipos técnicos de trabajo, dejan claro que este tipo de "patologías" (26) puede presentarse también ante el análisis de situaciones financieras, de políticas públicas, emergencias sociales, etc.

Ahora bien, la pregunta es si se puede evitar esta conducta y cómo lograrlo en las organizaciones. De hecho, existen varios métodos, sugeridos por Janis, para evitar que ocurran estas "patologías". En todos ellos, el papel del líder o conductor del grupo es esencial. A continuación se señalan algunos de ellos:

1. El líder debe estimular que cada miembro del grupo exprese libremente sus dudas y objeciones, lo que requiere que acepte incluso las críticas dirigidas a él.

2. El líder del grupo debe evitar expresar por anticipado sus preferencias, y, en lo posible, debe ser imparcial ante las opciones a considerar.

3. La organización debe presentar las situaciones que requieren decisiones relevantes a varios grupos independientes de la misma organización.

4. El grupo debería, de vez en cuando, dividirse en pequeños grupos de discusión, para evitar la conformación de ese "espíritu de unidad" característico de estos grupos.

5. Cada miembro del grupo principal debería discutir las opciones con sus subordinados en cada departamento por separado.

6. Debería invitarse, periódicamente, a un experto interno o externo que no esté directamente vinculado con los cursos de acción que se estén planteando.

7. Designar, entre los miembros del grupo, a alguien que haga el papel de "abogado del diablo" (27).

8. Si se trata de una decisión que tiene que ver con organizaciones de la competencia, o con una nación rival, debería dedicarse una sesión al menos a estudiar las intenciones de éstas.

9. Luego de haber tomado una decisión, debería dedicarse una nueva sesión a revisar dicha decisión.

Es imposible anticipar todos los problemas que podrían surgir durante el funcionamiento de un grupo, pero es necesario estar alerta ante la presencia de cualquiera de los síntomas presentados previamente, y poder desarrollar la estrategia apropiada para afrontarlos.

La "paradoja" (28) de las decisiones de grupo

Un grupo de amigas, Ana, Bertha y Susana, van de compras de trajes para una fiesta. Supongamos que el criterio de selección fue el color de los trajes, es decir, que obviaron o consideraron irrelevantes el costo, el modelo, entre otros. De acuerdo con ello, se dio la siguiente situación:

- a Ana le gustó más el traje de color *negro* que el *azul*, y más el *azul* que el *rojo*,

- a Bertha le gustó más el *azul* que el *rojo*, y más el color *rojo* que el *negro*, y

- a Carmen le gustó más el *rojo* que el *negro*, y más el *negro* que el *azul*.

En la tabla que sigue se resumen estas preferencias, donde "n" denota negro, "a" azul, "r" rojo, y el símbolo ">" indica "es preferido a":

Amigas	Preferencias				
Ana	n	>	a	>	r
Bertha	a	>	r	>	n
Carmen	r	>	n	>	a

Si uno examina con detenimiento esta tabla, encuentra que *la mayoría* del grupo de amigas, es decir, dos (Ana y Bertha) de las tres amigas, prefieren el traje azul al rojo, e igual sucede con las preferencias entre el rojo y el negro (Bertha y Carmen).

La "lógica" indicaría que si *la mayoría* prefiere el traje azul al rojo, y al mismo tiempo *la mayoría* prefiere el traje rojo al negro, entonces, por la transitividad de las preferencias, *la mayoría debería* preferir el traje azul al negro. Pero, revisando la tabla uno se da cuenta de que *la mayoría*, o sea, dos (Ana y Carmen) de las tres amigas… ¡prefieren el traje negro al azul!

¿De dónde surge la "paradoja"? Sencillamente de que uno de los supuestos de la *teoría racional* de la toma de decisiones (29) es la transitividad de las preferencias individuales, es decir, que si un individuo prefiere una opción A a una opción B, y a la vez prefiere la opción B a una opción C, entonces preferirá, si su comportamiento es *racional*, la opción A a la C. Pero, esto no ocurre en la "lógica" de las preferencias de los grupos. La paradoja desaparece si admitimos que el comportamiento de un grupo suele seguir reglas diferentes de las de los individuos.

Hemos visto que tanto las decisiones individuales como grupales tienen una dinámica interna muy fuerte, a tal punto que la influencia de factores externos no pareciera tener mucha relevancia. Esto no ocurre con las decisiones organizacionales, sobre todo en el ambiente turbulento que caracteriza a nuestros días.

5

TOMA DE DECISIONES ORGANIZACIONALES

Las variables y los procesos relevantes de un modelo de organización

Las organizaciones, igual que los individuos y los grupos, poseen características propias y comportamientos complejos. Para tratar de aproximarse a un estudio que nos permita predecir y mejorar su comportamiento, los especialistas han creado modelos que establecen relaciones entre las variables y procesos que caracterizan a una organización. No es la intención aquí presentar esos modelos. A continuación presento uno que ha sido aplicado en varias organizaciones de servicio público y privado y que nos permite una comprensión de su funcionamiento interno y explicar su comportamiento organizacional.

MODELO DE ORGANIZACIÓN

En el modelo que se presenta en el cuadro, las variables y los procesos internos básicos propios de la organización están indicados dentro del cuadro de líneas segmentadas o sombreado de gris. Tal como se puede apreciar, fuera de la organización existe un *entorno* constituido por variables demográficas, políticas, legales, culturales, económicas, tecnológicas, etc., que inciden en su funcionamiento con diversos grados de importancia. El procesamiento de información, y de los recursos materiales y financieros dentro de la organización, da lugar a un *comportamiento organizacional* que es percibido por el entorno.

En una organización, internamente, hay dos variables fundamentales: la *estructura* y las *personas*. La estructura determina las líneas de mando y de dirección, así como el flujo de información, mientras que las personas son vistas como poseedoras de valores, creencias, expectativas, etc., y ambas se combinan en el importante proceso de *comunicación*, tal como se indica con las dos flechas que convergen en el gráfico hacia este proceso, y éste a su vez incide sobre las variables estructura y personas.

La comunicación, por sí misma, juega un papel central, por su efecto en el círculo virtuoso que constituyen la *motivación*, el *desempeño* y la *productividad*; estos tres procesos se estudiarán posteriormente con mayor detalle, y su importancia radica en el notorio efecto que tienen en el proceso de *toma de decisiones*.

En este modelo, el comportamiento organizacional, que es la "parte visible" al exterior, al entorno, se deriva de las decisiones que se toman dentro de la organización, y, en este sentido, se podría afirmar que el entorno recibe de la organización esencialmente las decisiones que ésta toma, de allí la importancia que tiene mejorar su calidad. En efecto, cuando se dice que una empresa es exitosa, bien porque ha alcanzado niveles de crecimiento sostenido o por su prestigio en la prestación de servicios, hay un reconocimiento implícito a que dentro de la organización se toman decisiones de alta calidad.

Decisiones en organizaciones con múltiples actores y múltiples objetivos. El papel de la negociación

En organizaciones con una estructura de mando en la que existe una sola autoridad y un solo objetivo, el proceso de toma de decisiones usualmente es centralizado; en estas organizaciones no suele haber consulta a los subalternos. Este el caso de empresas que tienen una línea de producción sencilla, o de comercios pequeños, con pocos empleados.

UN SOLO ACTOR, UN SOLO OBJETIVO

En organizaciones complejas desde el punto de vista organizativo y de la amplitud de su acción en un determinado contexto, se requiere la puesta en práctica de un proceso en el que intervienen muchas personas, grupos e incluso otras organizaciones, y, por lo tanto, muchos factores e intereses; ese proceso se denomina *negociación*, y se ha convertido en el mecanismo fundamental de los colectivos democráticos, que buscan el bienestar de cada uno de sus miembros. Este mecanismo, mientras asegure la participación de todos los miembros, contribuirá a mejorar el proceso de toma de decisiones; en la figura siguiente está representado para una organización con múltiples actores y múltiples objetivos, y se presenta normalmente en empresas públicas y privadas de gran tamaño.

MÚLTIPLES ACTORES, MÚLTIPLES OBJETIVOS

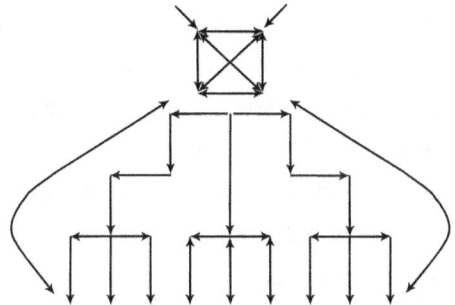

En la figura se muestra de manera esquemática una estructura de mando en una organización en la que existe un nivel directivo formado por varios miembros que eventualmente representan a personas, grupos e instituciones, y están indicados en el cuadrado de arriba. Las flechas de doble sentido dibujadas en los lados y las diagonales del cuadrado, y las líneas que van del nivel directivo hacia abajo (las dos líneas curvas), indican la necesidad de establecer mecanismos de interacción denominados negociaciones, para la toma de decisiones.

Ejemplos de organizaciones en las que se presenta esta situación son aquellas donde en las juntas directivas están representados varios actores: patronales, sindicales, etc., o también en el caso de universidades, en cuyos consejos universitarios están presentes, además de las autoridades de la universidad, representantes del

Ministerio de Educación, de los profesores, de los estudiantes, entre otros.

No existen reglas fijas de actuación en una negociación, aunque sí debe prevalecer la idea de que los intereses de cada grupo negociador se satisfagan. Aquí se pueden mencionar algunas tácticas que se suelen presentar en esos procesos, a saber:

1. Contrapuestas. Es la táctica más utilizada, y requiere una disposición de llegar a un acuerdo, no de impedirlo.
2. Concesiones o transacciones. Consiste en ceder a una exigencia por otra. No es empleada con mucho ánimo, pero quizás es la que conduce más rápidamente a acuerdos y soluciones.
3. Receso. Consiste en llevar la negociación en varias sesiones, para dar más tiempo a la reflexión acerca de las propuestas.
4. Mediación. Tampoco es muy preferida, pero contribuye a resolver conflictos o diferencias notorias.

Se excluyen aquí mecanismos tales como el arbitraje y la huelga, por ser más drásticos, y que se toman normalmente fuera de la mesa de negociaciones.

Modelo de Vroom y Yetton. La participación en la toma de decisiones

En la sección anterior se planteó el proceso de negociación y la importancia de la participación de diversos actores en la toma de decisiones. El principal objetivo de la participación de las personas es que ellas contribuyan a obtener las metas de la organización y a compartir la responsabilidad de sus logros.

El modelo de Vroom y Yetton (30) es uno de los pocos modelos de toma de decisiones que considera explícitamente la participación de los miembros de una organización, además del papel que juega el líder (el liderazgo se estudia más adelante). Los elementos que este modelo sugiere que se tomen en consideración son:

1. Importancia de la calidad de la decisión
2. Información del líder
3. Estructuración del problema
4. Importancia de la aceptación de la decisión por parte de los subordinados para su ejecución efectiva
5. Probabilidad de que la decisión del líder sea aceptada por los subordinados
6. Congruencia de las metas organizacionales con las de los individuos
7. Conflicto o desacuerdo entre los subordinados

En los puntos 4, 5, 6 y 7 de este modelo se valora la participación de los empleados o subordinados en el proceso de toma de decisiones, porque se reconoce que la ejecución efectiva de la decisión al final queda en manos de ellos, y además se considera el posible conflicto que podría surgir por el desacuerdo de los subordinados con la decisión.

Existen varios niveles de participación, que tienen implícitas unas estrategias. A continuación se mencionan algunas:

Gerencia consultiva. Consiste en que el gerente o directivo solicita ideas antes de decidir. Ello no implica la participación de los empleados, sino solo la comunicación de sus puntos de vista; es potestad del directivo considerarlos.

Comités de participación. También son llamados "círculos de calidad", y consiste en que el gerente o directivo solicita un *curso de acción*, no solo una opinión acerca del problema.

Administración democrática. Esta se basa en el consenso, es decir, el gerente decide con el grupo, en el que se parte del concepto "un miembro, un voto".

Lo importante de resaltar es que la participación contribuye a que el empleado aumente la valoración que hace de sí mismo y de su trabajo, y esto a su vez eleva su motivación; en muchos casos, esto desarrolla en el empleado no solo su sentido de pertenencia a una organización, sino también el sentido de *apropiación* de ella, es decir, sentirse responsable del presente y del futuro de la organización.

El ser humano, en su búsqueda de bienestar para sí mismo y para otros, ha querido siempre saber "lo que viene", descifrar los acontecimientos futuros, para lo cual no siempre es suficiente conocer el pasado ni el presente. Pero, también sabe que muchas de las decisiones que tome hoy, estarán influenciadas por cómo percibe el futuro; por estas razones dedicaremos el siguiente capítulo a unas reflexiones acerca de la incertidumbre.

6

TOMA DE DECISIONES EN CONDICIONES DE INCERTIDUMBRE

Lo inesperado

La predicción de los acontecimientos es una acción normal del ser humano desde el mismo momento en que adquiere conciencia. Lo hace no solo por instinto de conservación, sino también para obtener provecho de su entorno. Aun así, y por mucho que el ser humano tenga una amplitud de miras o diseñe métodos para desvelar el futuro, siempre estará expuesto al asombro ante lo inesperado. Veamos cómo lo vive Alicia en este pasaje:

> ... de golpe saltó corriendo cerca de ella un conejo blanco de ojos rosados. La cosa no tenía nada *muy* especial; pero tampoco le pareció a Alicia que tuviera nada de *muy* extraño que el conejo se dijera en voz alta: "¡Ay! ¡Ay! ¡Dios mío! ¡Qué tarde voy a llegar!" (cuando lo pensó más tarde, decidió que, ciertamente, le debía haber llamado mucho la atención, mas en aquel momento todo le pareció de lo más natural); pero cuando vio que el conejo se sacaba, además, un reloj del bolsillo del chaleco, Alicia se puso de pie de un brinco al darse cuenta repentinamente de que nunca había visto un conejo con chaleco y aún menos con un reloj de bolsillo (31).

Tal asombro no le impidió a Alicia emprender una aventura extraordinaria ante lo desconocido, siempre con una disposición a abordar con decisión todo lo que le ocurrió hasta el final. Las fuentes de lo inesperado para una persona son muy variadas.

Las fuentes de la incertidumbre

¿Es la incertidumbre simple ignorancia? Veamos.

A comienzos del siglo XX, el físico alemán Werner Heisenberg conmovió los cimientos de la Física al descubrir que la incertidumbre es inherente a la realidad física, la cual se expresa en la imposibilidad de medir con exactitud dos cantidades físicas complementarias (32). Lo que es característico del mundo atómico se proyecta hacia lo macroscópico, y nos deja en el campo social con un conocimiento incompleto –y a veces contradictorio– de los hechos y de lo impredecible del comportamiento humano.

En el caso de una organización, partiendo del modelo ilustrado en el capítulo anterior, la fuente de incertidumbre es principalmente el entorno, representado por los *consumidores* (el desconocimiento de lo que quiere el mercado, es decir, la demanda), los *proveedores* (la incerteza ante la provisión de recursos o ante la incapacidad de adquirir los mejores insumos: conocimiento, tecnología, capital humano y financiero), y la *competencia* (no conocer los proyectos ajenos ni las posibles alianzas entre los competidores).

Alguien podría argüir que desde lo interno de una organización también podrían surgir incertezas, pero no sería ético que yo pusiera en duda el conocimiento pleno y detallado que podría tener una junta directiva o los gerentes de una organización; en todo caso, consideremos que si ese desconocimiento existe, puede ser superado en breve plazo, y que no tendrá el mismo efecto que los factores del entorno. No obstante, al final de este capítulo, con el modelo AIDA, veremos cómo se trata esta fuente interna de incertidumbre.

En resumen, lo inesperado, la incertidumbre, el desconocimiento, son los retos de la toma de decisiones, pues si "todas las decisiones tienen que ver con el futuro" (33), ello justifica cualquier intento por conocerlo, aunque según el poeta Cavafis ello esté reservado sólo a los dioses, como bien lo dice en su poema *Los sabios saben lo que se avecina* (34):

> Los hombres conocen el presente.
> El futuro lo conocen los dioses,
> únicos dueños absolutos de todas las luces.
> Pero del futuro, los sabios captan
> lo que se avecina.
> …

Entonces, siguiendo esa inspiración y reflexión del poeta, no pretendamos invadir el terreno de los dioses, y aspiremos, solo y sabiamente, a conocer lo que se avecina.

El modelo AIDA: Analysis of Interconnected Decision Areas (35)

Además de la fuente natural (física) de la incertidumbre y del entorno, según vimos antes, otra fuente de incertidumbre es, sin duda, la consideración aislada de un problema que surge en una dependencia de una organización, sin tener en cuenta su efecto en otras, lo que produce una visión parcial e incompleta de la situación. Para dar una respuesta a ello, en esta sección presentaremos el modelo Análisis de Decisiones en Áreas Interconectadas, conocido por sus siglas en inglés como AIDA. Este modelo consiste básicamente en:

1. *Identificar* un conjunto de áreas que son relevantes a una situación o problema. En el gráfico de abajo, están identificadas cuatro áreas.
2. *Establecer* las características o factores que jueguen un papel importante en la situación. En cada área del gráfico los puntos indican los factores.

3. *Construir* una red de interacciones entre los factores de cada área. Esas interacciones están representadas por líneas con flechas uni y bidireccionales.

4. *Asociar* una utilidad a cada factor y establecer las probabilidades de influencia de las interacciones en la situación o en la resolución del problema. Esto debe hacerse teniendo en consideración un horizonte temporal, es decir, a distintos plazos.

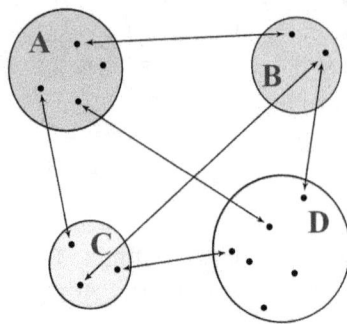

Con la aplicación de este modelo se facilita la visión integral de un problema, pues establece una vinculación entre datos, hechos y personas que forman parte de un sistema. Este modelo puede ser utilizado en una amplia gama de empresas, grandes y pequeñas, del sector público o del privado.

Como ejemplo de aplicación, consideremos el caso de la universidad que mencionamos en el capítulo 2. En ese caso, y partiendo del gráfico anterior, podemos hacer la siguiente identificación de las áreas:

A: Departamento de Transporte

B: Departamento de Administración: emisión de cheques

C: Instalaciones deportivas: piscina

D: Sección de Deportes

A continuación, indicaremos algunas posibles razones de lo ocurrido y relacionaremos cada una de ellas con las áreas señaladas. Veamos:

1. Sabotaje de miembros de un sindicato: A, B, C, D
2. Ausencia de procedimientos o instructivos definidos: A, C
3. Falta de pericia: A, B, C
4. Error involuntario o descuido: A, B, C
5. Relaciones interpersonales deficientes: D
6. Protesta (no relacionada con sabotaje): A, B, C
7. Falta de supervisión: A, C

Tal como se puede apreciar, la situación que se presentó de manera inesperada es compleja. Las razones mencionadas no constituyen una lista exhaustiva. Las autoridades deben analizar el problema integralmente, y eso es lo que permite el modelo AIDA. Lo importante es evitar que estas situaciones se repitan, y que, si lo hacen, la universidad pueda diseñar mecanismos para abordarlas. Y agregaríamos que si hay algo que contribuye a enriquecer la aplicación de estos modelos es la participación de los miembros de la organización. Eso es para tenerlo presente... siempre.

El miedo

Difícilmente se hallará un libro de gerencia o de gestión que mencione la palabra miedo. Pero, lo cierto es que no hay nada más común que ese sentimiento, que suele estar acompañado por su contraparte, la valentía (36). Y es que la incertidumbre puede inducir, de manera natural, una cierta expectativa ante el futuro, que puede despertar temores, y que usualmente muchos lo encubren con la expresión "tener reservas".

Finalmente, el miedo no siempre proviene de la incertidumbre de la organización o de su entorno, sino que es propia del individuo. El premio Nobel de Física, P.A.M. Dirac (37), en un conferencia describió los miedos de físicos notables: Lorentz, Heisenberg, Schrödinger, y él mismo, que les impidieron dar un paso más adelante acerca de un idea, que ellos pensaron como descabellada o inaceptable para la comunidad científica de un cierto momento, y que luego otros la tomaron y desarrollaron, ausentes éstos, según Dirac, de los temores de los iniciadores de la idea.

Por estas razones, si usted es una persona que tiene altas responsabilidades como decisor, quizás le vendría bien recordar el consejo de los pobladores de la región andina de Mérida, en Venezuela, que cuando están ante una decisión importante, exclaman: "¡ánimo, valor y miedo!", lo que en términos gerenciales se diría: "¡motivación, confianza y alerta!" Claro, no se escucha igual.

Dicen que los líderes no tienen miedo, y que por eso lo son. Indaguemos en los próximos capítulos acerca de este concepto de liderazgo, tan universalmente utilizado para referirse a un amplio espectro de personas que tienen la responsabilidad de dirigir organizaciones públicas y privadas.

7

EL LIDERAZGO

El contexto del liderazgo

Es raro hallarse en una conferencia, o en una tertulia casual, en la que no se mencione hoy la palabra liderazgo. El término tiene un atractivo y una fuerza tal, que su influencia se extiende a variados temas y diversas disciplinas. La razón de esto quizás resida en que la concepción de liderazgo tiene una raíz sociopolítica asociada a rasgos personales extraordinarios, que sin duda nos despiertan la admiración hacia quienes los poseen: Jesucristo, Julio César, Bolívar, Napoleón, Churchill, Ghandi, son ejemplos de ello.

Esta concepción heroicista del liderazgo se ha querido transferir, en cierto modo, a la práctica organizacional. Esta transferencia, por supuesto, no puede ser mecánica, directa, porque en el liderazgo de masas (sociopolítico) hay cargas emocionales, carismáticas y, sobre todo, ausencia de reglas específicas de comportamiento, mientras que en las organizaciones existe un marco legal y un conjunto de valores institucionales y espirituales que sus directivos están obligados a respetar.

Ciertamente, la palabra líder se ha ampliado del campo sociopolítico al de las artes, de las ciencias, y de las organizaciones, en los que se valoran los rasgos de aquellas personas que tienen poder y autoridad. En tal sentido, hoy se les dice líderes a los directores generales y ejecutivos, a los jefes de partidos, sindicatos o asociaciones, a ministros, sacerdotes, científicos, maestros, etc.

Pero, ¿qué es el liderazgo? ¿Los líderes nacen o se hacen? ¿Cómo sabemos que estamos en presencia de un líder? ¿El "carisma" es el único atributo personal de un líder? ¿Qué es lo que ha dado lugar a un uso tan común de esta palabra? Veamos este pasaje:

> Y así, al despuntar el nuevo año, César se había aproximado al río Rubicón, la frontera que dividía la Galia itálica de Italia propiamente dicha... Junto a las orillas del turbulento arroyo, se detuvo y se retiró unos pasos para reflexionar sobre la importancia de lo que se disponía hacer... Finalmente, una expresión de calmada seguridad afloró al rostro de César. Se acercó a las aguas y, alzando la voz para que todos pudieran oírlo, dijo:
> –La suerte está echada– y se adentró en el gélido arroyo (38).

La decisión de Julio César, quien es considerado uno de los líderes más importantes de la Historia, fue, sin duda, trascendental en la historia de Roma; y ella fue tomada luego de sopesar múltiples factores y las consecuencias que traería consigo.

Entonces, ¿puede haber líderes sin seguidores? ¿Se espera un liderazgo efectivo de todas esas personas a quienes hoy nos referimos como líderes? ¿O sencillamente la palabra ha experimentado una evolución social en respuesta a las expectativas y cambios de valores de la sociedad? Existen muchos trabajos que intentan dar respuesta a estos interrogantes, y aquí las abordaremos de manera sucinta pero definida.

Sería difícil afirmar que el liderazgo se reserva sólo a unos pocos. El liderazgo no es un gen, no es algo místico ni etéreo que la gente común no pueda comprender o poseer; tampoco es solo "carisma". Muchas investigaciones han demostrado que el liderazgo es un conjunto de modos observables de proceder que se pueden y se deben aprender.

Lo importante es saber en qué contexto podemos hacer uso de nuestros rasgos de líder y emplear las estrategias adecuadas para ejercer un liderazgo efectivo, entendiendo éste como aquel que contribuye a lograr los objetivos organizacionales mediante un mayor compromiso de los miembros de la organización. Y esto puede realizarse en contextos como una empresa, una iglesia, la escuela, la comunidad, un sindicato o en la familia.

En la actualidad, en esta era de la información y del conocimiento global, caracterizada por la incertidumbre y lo inesperado, en la que las ideas y los acontecimientos están transformando y rehaciendo todas las instituciones, el liderazgo debe definirse con referencia al contexto en donde el líder se desenvuelve.

El contexto, ese conjunto de factores que introducen incertidumbre en nuestro quehacer y que estimula nuestra creatividad, nos impone a cada instante nuevos retos; así, decimos que el liderazgo está sujeto a las condiciones de la situación. Factores como la diversidad demográfica, los nuevos retos ambientales, los desarrollos tecnológicos en el comercio electrónico y las autopistas de información, y las nuevas relaciones y dimensiones laborales en las organizaciones, están introduciendo nuevos paradigmas en el comportamiento social. Ante esta situación, lo fundamental es que el verdadero liderazgo conduzca a un cambio que se traduzca en una mejora en las comunidades, en las organizaciones, en las personas, y por ende en la sociedad en general.

Definición y teorías del liderazgo

Tal como lo afirmamos en la sección anterior, el concepto de liderazgo hoy en día se aplica en diversos contextos y bajo distintas perspectivas; ello hace que no exista una definición única de liderazgo. En lugar de ello, los especialistas prefieren definir el liderazgo según el ámbito en el que estén trabajando. A continuación presentamos algunas de ellas:

1. El liderazgo se relaciona con procesos grupales.
2. Es una posición asociada a una autoridad
3. Es una característica de la personalidad.
4. Es el arte de inducir compromiso.
5. Es el ejercicio de influencia.
6. Es la posición asociada a una persona con habilidades o experiencias técnicas.
7. Es una forma de persuasión.
8. Es una relación de poder.
9. Es un instrumento para el logro de metas.
10. Es una relación transformacional.
11. Está relacionado con la iniciación de estructura organizacional.
12. Es la capacidad o habilidad de dirigir.
13. Es el proceso de motivar y ayudar a las personas a trabajar con entusiasmo para alcanzar objetivos y metas.

No es nuestro propósito analizar cada una de esas definiciones; las mencionamos sólo como referencia. Baste sólo apuntar que cualquiera de estas definiciones podría coincidir con otros conceptos del campo psicológico o sociológico. Lo que sí se puede afirmar, con bastante grado de certeza, es que sin el liderazgo una organización sería una confusión de personas y máquinas, de la misma manera que una orquesta sin director sería sólo un conjunto de músicos e instrumentos.

Teorías del liderazgo

Antes de expresar mis puntos de vista acerca del liderazgo, revisemos los tres grandes grupos de teorías del liderazgo.

- *Teorías de los rasgos*

Una primera aproximación, desde el punto de vista histórico, a la caracterización de un líder, ha sido identificar en él un conjunto de *rasgos personales*, tales como la ética (¿se puede hablar de un líder que no tenga ética? Digo que no.), responsabilidad, compromiso, talento, honradez, edad, sexo, etc. Si bien este intento es consistente con la raíz individualista del liderazgo, éste encuentra varias objeciones. En primer lugar, la división misma de una persona (sea o no un líder) en sus rasgos, comporta una contraposición con los planteamientos holísticos, según los que "el todo es más que la suma de sus partes"; en descargo de este enfoque, se debe señalar que esta "separación" en los rasgos se realiza sólo con fines metodológicos, es decir, como un intento de comparar ciertos resultados de la acción de un líder, y no pretende concebir a una persona como si fuera "divisible" en varios elementos. Otro argumento en contra de esta teoría es que no hay un rasgo o un conjunto de rasgos privilegiados o absolutos para caracterizar a un líder; en verdad, ésta y la objeción de la validez de esta teoría en distintas situaciones, es lo que ha dado lugar a la aparición de los otros enfoques, los cuales presentamos a continuación.

- *Teorías conductuales*

Las dificultades teóricas para generalizar la teoría de los rasgos, y las limitaciones de su aplicación en ambientes empresariales, o, en general, en organizaciones, dio lugar a un extenso estudio por parte de las escuelas gerenciales de Harvard, Michigan y Ohio State; sus conclusiones principales indican que los líderes pueden alcanzar sus objetivos si desarrollan una conducta o un comportamiento que puede ocupar un amplio rango que va desde una *orientación hacia las personas*, hasta una *orientación hacia la tarea*. Según esta investigación, habría líderes que logran mayor compromiso y efectividad en el logro de sus metas de productividad si dirigen su acción hacia una mayor empatía con los subalternos, mientras que otros lo lograrían si lo hacen hacia la tarea. Con base en estas teorías, numerosos estudios han tratado de determinar el efecto que tendrían factores tales como la relación jefe-subordinado y la posición jerárquica del jefe en el círculo virtuoso de motivación, desempeño y productividad, referido en el capítulo 5 y al que volveremos más adelante en el capítulo 13.

La idea de los conductores de esa investigación era tratar de hallar ciertos patrones conductuales que fueran más generales que los que proporcionaba la teoría de los rasgos. En mi opinión, tuvieron un alto grado de éxito en ello, y creo que sus conclusiones son válidas en un amplio espectro de organizaciones; en particular, en algunos estudios en contextos educativos, se ha hallado que el comportamiento de los líderes es mucho más importante que la situación en la que se encuentren, aunque también son relevantes sus rasgos personales.

- Teorías situacionales
Los estudios de las escuelas de Harvard, Michigan y Ohio State también arrojaron ciertos indicios de que *la situación* es un factor importante en la conformación del liderazgo organizacional. Ciertamente, para los efectos del establecimiento del perfil del líder, además de los planteados anteriormente por los otros dos grupos de teorías, otras variables pueden jugar un papel decisivo, tales como: la ubicación geográfica de la organización, su estructura interna, su tamaño (según el número de personas) y la tecnología disponible. Según estas teorías, si una persona ejerce un liderazgo en una empresa manufacturera del sector privado, no necesariamente tendrá éxito como líder en una empresa de servicios del sector público.

Dos comentarios son pertinentes acerca de estas teorías. Uno es que podemos colegir que el líder de hoy debe ser integral, es decir, poseer una combinación de rasgos personales, conductuales y de adaptabilidad al contexto. Y el otro tiene que ver con el hecho de que las teorías de liderazgo conocidas están dirigidas a ámbitos empresariales. Aunque existen muchos estudios del papel del liderazgo en otros campos, por ejemplo, en el sector público, en mi opinión no se tienen planteamientos que podemos decir sean compartidos por las comunidades educativas, o que sean propios de la educación y del educador. Esta limitación no debería ser obstáculo para introducir nuevas propuestas o nuevas perspectivas; al contrario, debe animarnos a hacerlo.

Líder, gerente y funcionario

¿Qué diferencias hay entre un líder, un gerente y un funcionario? La respuesta a este interrogante requiere una precisión de lo que entendemos por funcionario, gerente y líder; así, si colocamos al funcionario en un extremo y al líder en otro, existe un amplio espectro de ejecutorias en las que podríamos ubicar la gestión de un gerente. Ilustremos esta diferencia con un ejemplo del campo educativo.

Cuando un rector, vicerrector o decano, actúa como un *funcionario*, su gestión la dirige al cumplimiento de las funciones señaladas en los reglamentos y las normas que rigen a la universidad, de modo que su capacidad de toma de decisiones y de resolución de problemas queda circunscrita al marco legal de procedimientos, instructivos y órdenes de instancias superiores. En este caso, el funcionario se limita a distribuir los recursos disponibles; si éstos escasean, solicitará más recursos, y mientras éstos llegan -bien sea provenientes del Estado, de la matrícula estudiantil, o de instituciones y empresas-, el funcionario seguramente observará la disminución de la efectividad de su gestión, y pondrá como razón de ello las carencias o falta de recursos. Es distinta la actitud del *gerente*, quien ante esta situación de escasez dirige sus esfuerzos a la búsqueda de recursos en el entorno para adelantar efectiva y eficientemente los programas universitarios. Las opciones transitadas a menudo para ello son, entre otras: establecer convenios con universidades nacionales y extranjeras, con gobernaciones y alcaldías, y con organizaciones no gubernamentales y organismos internacionales. ¿Y el líder? Tanto en el ejemplo de la universidad como en otros contextos, podemos afirmar lo siguiente: el líder determina una orientación, construyendo una visión de futuro junto con las estrategias que permitan introducir los cambios necesarios para alcanzar esa visión. La tarea del líder es coordinar a las personas comunicándoles esa orientación para que puedan formar alianzas; y hacer que los subordinados comprendan la visión y puedan dirigir sus esfuerzos para alcanzarla, y para ello, el líder logra la motivación e inspiración en las personas, haciendo que las mismas avancen en la dirección adecuada.

Un rasgo importante de un líder eficaz o efectivo es que no predica: hace. Un líder no comienza preguntando: ¿Qué es lo que quiero?, sino que plantea constantemente: ¿Qué es necesario hacer? ¿Qué puedo y qué debo hacer para cambiar la situación? ¿Cuáles son la visión, la misión y los objetivos de la organización? ¿Qué es lo que constituye la actuación y los resultados en esta organización? El liderazgo no es rango, privilegios, títulos o dinero... es responsabilidad. Un líder efectivo debe poseer una combinación de algunos atributos, tales como:

-*Creer en sí mismo* como algo que le da al individuo la confianza para entrar en lo desconocido y persuadir a otros para que vayan donde nadie ha ido antes, combinado con la humildad para aceptar que puede estar equivocado.

-*La pasión por el trabajo*, la cual proporciona la energía y el enfoque que impulsan a la organización y que sirven de ejemplo a otros.

-*Capacidad para pensar y actuar en el contexto* donde se desenvuelve la acción y hasta más allá de dicho contexto. Los grandes líderes son producto de las grandes causas, pero los líderes también pueden generarlas.

-*Consideración hacia las personas*. Ser sinceros. Tener fe en lo que se está haciendo, y creer en el potencial y en las capacidades de cada persona.

Pero, ¿todos los líderes son iguales? ¿Existe una única manera de dirigir una organización? Usted ya habrá concluido que no. Veamos en el próximo capítulo con más detalle las respuestas.

8

ESTILOS DE LIDERAZGO Y EL PODER EN LAS ORGANIZACIONES

Las enseñanzas de Maquiavelo

Dos enseñanzas claves se derivan, a mi modo de ver, de la presentación de la obra de Maquiavelo. Él dice:

> Tampoco quiero que se considere presunción el hecho de que un hombre de baja, es más, de ínfima condición, se atreva a discurrir y a opinar sobre el gobierno de los príncipes, porque, así como los que dibujan mapas se sitúan en la llanura para estudiar la naturaleza de las montañas y de los lugares elevados, y suben a los montes para estudiar las llanuras, para conocer bien la naturaleza de los pueblos hay que ser un príncipe, y para conocer la de los príncipes hay que ser del pueblo (39).

Por una parte, nos hace reflexionar acerca del necesario desdoblamiento de un líder como dirigente y subordinado, lo que le exige plantearse esas distintas perspectivas; y por otra, nos muestra que debe existir un diálogo entre la teoría y la práctica, entre lo que se predica y lo que se hace. Maquiavelo, con esa hermosa metáfora, trata de indicarle un camino a los líderes, a los dirigentes, a las autoridades; pero, las enseñanzas en este terreno, ayer como hoy, son igualmente ignoradas. En términos modernos, este planteamiento ha sido expuesto por Warren Bennis (40) en relación con la idea de lo que él llama *"revitalización organizacional"*, lo cual, *"supone un examen, autoconsciente y deliberado, de la conducta organizacional y una relación cooperadora, entre gerentes y científicos, con el fin de mejorar la ejecutoria organizacional."*

Esta vinculación entre ciencia social y la práctica de la gerencia suele desdeñarse, pues los dirigentes usualmente ven con recelo, y hasta con sospecha, la contribución de los "teóricos", por la creencia de que "sólo montado en el coroto se sabe cómo se manda". Tal empirismo en la conducción de las organizaciones proviene de la confusión entre el dirigente usuario y el dirigente técnico... Volvamos al liderazgo.

Estilos de liderazgo

La siguiente clasificación se hace con base en el uso que hacen los líderes del poder o de su capacidad de influencia en la toma de decisiones de un grupo u organización:

Líderes participativos
Los líderes participativos descentralizan las decisiones y, por lo tanto, comparten la autoridad. Las decisiones no son unilaterales, ya que son producto de consultas con los miembros de la organización y de su participación. Esto no significa que el líder delegue o eluda su responsabilidad, o que no pueda tomar decisiones finales, sino que valora la consulta de ideas y opiniones para lograr decisiones de calidad. Esto facilita o contribuye a un cambio de actitudes del grupo. Se puede decir que el líder y el grupo actúan como una unidad social en función de los objetivos de la organización. Algunos han planteado que este tipo de liderazgo se presenta sólo en organizaciones con una estructura de mando flexible, pero hoy en día, incluso en organizaciones militares o eclesiásticas, que típicamente han sido consideradas con líneas de mando rígidas, hay

cada vez más expresiones de toma de decisiones participativas. Estas ideas las ilustramos gráficamente a continuación, en donde el círculo central representa al líder y los otros a los subordinados.

Líderes autocráticos

Son aquellos que centralizan la autoridad y la toma de decisiones en sí mismos, porque en el fondo pueden sentir que sus subalternos no tienen la capacidad para tomar decisiones, o puede ser que estos líderes tengan necesidad de ejercer la fuerza y el control. Por ello, organizan todas las situaciones de trabajo de sus empleados, de quienes esperan un rol pasivo. Estos líderes asumen toda la responsabilidad por la orientación del grupo o de la organización. Sin embargo, este estilo puede producir irritabilidad y hostilidad entre los miembros de la organización. Igual que en el caso anterior, este tipo de liderazgo también se asocia con las características de la estructura de mando de la organización, aunque hoy en día se reconoce que se puede presentar en cualquier organización. Lo ilustramos en el gráfico siguiente:

Líderes paternalistas

Los líderes paternalistas son, si se quiere, el caso opuesto del líder autoritario, en el sentido de que estos líderes no se imponen al grupo, sino que los miembros del grupo se convierten en dependientes y hasta sumisos ante las decisiones del líder. Estos líderes suelen presentarse en aquellas organizaciones que centralizan recursos financieros, prebendas políticas, o la designación de puestos de trabajo. Tal dependencia con estos líderes puede conducir a que los subalternos descuiden el compromiso con la organización y los objetivos de ella. El gráfico siguiente muestra esta interacción líder-subordinados:

Líderes permisivos

Estos líderes evitan asumir la responsabilidad de las decisiones que se tomen. Por ello, dependen del grupo para definir sus propias metas y resolver los problemas. En este caso, este tipo de líder desempeña un papel pasivo en las decisiones, y se convierte en un integrante más del grupo decisor. Los miembros del grupo se capacitan a sí mismos y organizan su propia motivación, es decir, en este caso los subalternos deben ser competentes para que la organización no disminuya su productividad y eficacia, o, en el peor de los casos, fracase en el cumplimiento de su misión. En este tipo de liderazgo se ignora la contribución del líder, más o menos de la misma forma en que el líder autocrático ignora al grupo. Aquí se podría presentar una dispersión de esfuerzos. Gráficamente, lo ilustramos a continuación:

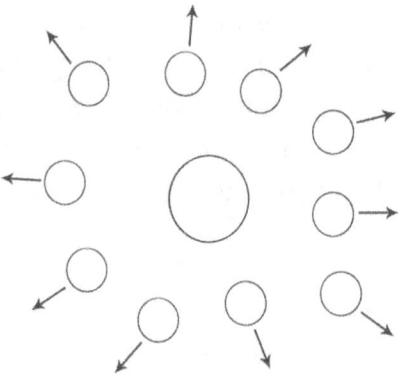

Debido a la variedad de contextos en los cuales se puede encontrar un líder, éste debe evaluar sus propias capacidades y las características de su organización para conducirla eficazmente.

Consideramos de gran utilidad la siguiente comparación entre un jefe y un líder.

Jefe	Líder
Existe por la autoridad	Existe por la buena voluntad
Considera la autoridad un privilegio de mando	Considera la autoridad un privilegio de servicio
Inspira temor	Inspira confianza
Sabe cómo se hacen las cosas	Enseña cómo se hacen las cosas
Le dice a uno: Vaya!	Le dice a uno: Vamos!
Trata a las personas como números	Trata a las personas como seres humanos
Llega a tiempo	Llega antes
Asigna las tareas	Da el ejemplo

Y finalmente responda usted, según lo visto en este y en el capítulo anterior: ¿en una organización puede haber varios tipos líderes?

Autoridad y poder en las organizaciones

Autoridad y poder son palabras que tienen múltiples acepciones, según el contexto social en el que se empleen. A pesar de su amplia variedad de usos, pocas veces existen equívocos acerca de lo que se quiere expresar con ellos. Veamos esta incisiva observación de Simón Rodríguez:

> Persuádanse los republicanos
>
> …
>
> 2. Que la autoridad es siempre un *ente abstracto* para quien no puede materializarlo, y nunca es otra cosa que *materia* para quien no sabe abstraerlo… (41).
>
> …

Aunque esta máxima se corresponde directamente con el campo sociopolítico, se puede aplicar, por analogía, al ámbito gerencial. Ciertamente, hay quienes tienen un puesto o cargo pero no saben ejercer la autoridad asociada al mismo. Para ellos, la autoridad es un "ente abstracto", porque no saben cómo concretarla. La otra frase, que "no es otra cosa que materia...", se refiere a los autoritarios, a quienes les mueve simplemente el "mandar por mandar", desconociendo la complejidad y amplitud del concepto y todo lo que él envuelve. Como se ve, lo importante es el equilibrio entre la teoría y el ejercicio práctico de la autoridad. ¿Cómo se logra eso? Una manera es atendiendo la reacción de la gente, es decir, cómo se sienten los que son objeto de las decisiones que se toman. En el fondo, la reflexión de Simón Rodríguez guarda una estrecha relación con el planteamiento de Maquiavelo visto al comienzo de este capítulo.

La autoridad es un medio para el ejercicio del poder. El especialista en organizaciones Jeffrey Pfeffer (42) plantea un conjunto de pasos para ejercer efectivamente el poder, independientemente de la organización en la que se encuentre el líder; estos son:

1. Determinar qué personas son influyentes para lograr los objetivos.
2. Conocer los puntos de vista de esas personas acerca de lo que se quiere hacer.
3. Establecer las bases de su poder y su influencia en las decisiones.
4. Decidir acerca de cuáles son los objetivos y qué se trata de lograr.
5. Reconocer las bases de nuestro poder e influencia y cómo podemos usarlas para orientar la situación.
6. Fijar las estrategias y tácticas apropiadas a la situación para el ejercicio del poder.
7. Seleccionar, con base en lo anterior, un curso de acción que conduzca al logro de los objetivos.

Estos pasos exigen unos implícita y otros explícitamente el conocimiento del contexto en el que se quiere implantar efectivamente un plan determinado. Observemos también la importancia que se le otorga al papel de las personas (numerales 1 al 3) y al de las tareas a realizar (numerales 4 al 7), así como el conocimiento y las competencias que se deben tener para el ejercicio del poder. Recuérdense, a este efecto, las teorías conductuales del liderazgo presentadas en el capítulo anterior.

Existen, igualmente, varios tipos de poder que pueden presentarse en una organización, con la particularidad de que uno de ellos no excluye a otro, es decir, pueden coexistir. Incluso, pueden reforzarse entre sí, y potenciar las posibilidades de ejercer un liderazgo efectivo y de aplicar eficazmente el poder; ellos son:

Poder personal

Este tipo de poder proviene de las características o rasgos de la persona, y de cómo son valorados esos rasgos por los miembros de la comunidad o la organización en la que se encuentre el líder. Una diversidad de factores culturales influyen en esta valoración individual y colectiva que se hace de un líder. Este tipo de poder es también conocido como poder referente, poder carismático o de personalidad. Ejemplos históricos de este poder son: Jesucristo, Bolívar, Juana de Arco, Gandhi, Churchill, Francisco Villa, entre muchos otros.

Poder legítimo

Este poder proviene del ejercicio de un cargo. También se conoce como poder legal, oficial o de posición. Se presenta en aquellas organizaciones con una estructura de líneas de mando bien definidas. Usualmente una persona es electa o designada para ocupar un cargo, y en ella se delega un conjunto de decisiones que orientan el funcionamiento de la organización. En organizaciones con una estructura compleja, como aquellas caracterizadas por múltiples actores y múltiples objetivos, es importante que quien ejerza el poder legítimo haga uso de estrategias de negociación en la toma decisiones.

Poder experto

Este poder proviene de la formación profesional y la experiencia de una persona. Hoy se dice que estamos en la era de la sociedad del conocimiento y que en un futuro cercano este poder será el más importante en las organizaciones. El papel de los avances tecnológicos ha influido mucho en el reconocimiento de este poder en las organizaciones y en la sociedad.

Poder político

Este poder se nutre del apoyo que grupos de opinión, tales como sindicatos, gremios, entre otros, puedan ofrecerle a una persona en una organización. En tales casos, cobra especial importancia el mecanismo de la negociación en la toma de decisiones. Este poder tiene gran relevancia en las organizaciones de objetivos sociales, aunque se puede presentar en cualquier tipo de organización.

Después de todo esto, ¿podemos decir que saber es poder?

Características del líder del siglo XXI

Constituye un reto ser un líder en esta época de constantes y veloces cambios que están ocurriendo en la sociedad, los cuales influyen de diversas maneras en las organizaciones. A este respecto, resulta interesante lo que dice Jacques-Yves Cousteau acerca del cambio, en el prólogo de *La memoria del futuro*:

> ... Nuestra sed inextinguible del más acá y del más allá engendró la tercera filosofía no confesada, la del viento. En el viento, reconocemos nuestro deseo de paz, nuestros accesos de brutalidad, nuestras necesidades de calma y de cambio... El viento, más sutil que la rosa, más poderoso que la piedra, inspiró tesoros culturales más cercanos a la eternidad que las catedrales o las maravillas naturales (43).

Si las organizaciones se conciben como sistemas abiertos, con su propia dinámica, pero sujetos a cambios del ambiente, los directivos y gerentes deben enfrentar las exigencias permanentes del entorno y aprovechar las oportunidades para optimizar los procesos productivos.

Se sugiere entonces que en estos contextos cambiantes un líder posea o desarrolle algunas características específicas, tales como:

Espíritu proactivo

Un líder que quiera ser efectivo debe tener un espíritu proactivo; es una condición para lograr mejoras en la organización, y aumentar la calidad de las condiciones de trabajo de las personas a su cargo y su productividad, entre otras. Ello es necesario para la consecución de las metas y objetivos trazados por la organización.

Credibilidad

Esta es una de las cualidades más importantes de un líder. Para ello, según Warren Bennis (44), el líder debe tener cuatro características, a saber: constancia, congruencia, accesibilidad e integridad. Debemos creer que se puede confiar en su palabra, que está interesado y entusiasmado acerca de la dirección hacia donde dirige al personal y que él tiene los conocimientos y las destrezas necesarias para liderar.

Visión de futuro

Un líder no solo debe ser creíble sino que debe estar consciente de las posibilidades futuras; recordemos que en ello se diferencia sustancialmente del gerente y del funcionario. El líder debe tener clara la orientación, la visión de futuro, e implementar los mecanismos para transmitirlo con claridad al resto de la organización.

Valores compartidos

Un líder debe abogar por valores que sean representativos de la voluntad colectiva. Además, debe tener el debido conocimiento de las necesidades, intereses y aspiraciones de las personas bajo su dirección, y hacerlas compatibles con los valores institucionales.

Trabajo en equipo

Es fundamental que el líder fomente la colaboración y apoyo activo de todos los miembros de la organización. En este mundo complejo de hoy, las estrategias que tienen éxito se basarán en la filosofía del "nosotros", no en el del "yo".

Predicar con el ejemplo

Un líder efectivo aprovecha cada una de las oportunidades para mostrar a los demás, con su propio ejemplo, que está comprometido con las aspiraciones por las que aboga.

Hemos dicho previamente que el compromiso de un líder es con el cambio organizacional; por ello, es importante mencionar, para finalizar este capítulo, los ocho pasos indicados por el especialista en liderazgo John Kotter (45), para transformar una organización:

1. Despertar una sensación de urgencia.
2. Armar un equipo fuerte que conduzca el proceso.
3. Formular una visión.
4. Comunicar la visión.
5. Dar autonomía para que otros actúen conforme a la visión.
6. Planear y lograr metas progresivamente.
7. Consolidar las mejoras para enfrentar los retos del cambio.
8. Institucionalizar los nuevos cambios.

Tal como se puede observar, para la aplicación efectiva, exitosa, de estos ocho pasos, es necesario poseer las cualidades que mencionamos antes del líder de este siglo. Aunque, de acuerdo con lo dicho al principio del capítulo, quizás no solo haya que institucionalizar los cambios, sino crear una cultura del cambio, de la innovación… veamos los dos capítulos siguientes.

9

LIDERAZGO Y COMUNICACIÓN

La comunicación en la organización

A menudo se suele confundir informar con comunicar. La diferencia fundamental es que la comunicación se realiza necesariamente entre seres humanos, y allí es necesaria una retroalimentación a través de gestos, palabras y actitudes. En cambio, el flujo de información puede darse entre elementos tecnológicos sin intervención humana, como por ejemplo la que se realiza automática y periódicamente entre un satélite y una estación-base en la Tierra.

La comunicación en una organización tiene como objetivo contribuir a optimizar las funciones que se realizan dentro de ella para el logro de sus metas, puesto que permite expresar percepciones, pensamientos, sentimientos e intenciones que se pueden traducir en acciones. ¿Qué papel juega el líder en esto?

En una organización se presentan usualmente tres tipos de información:

La externa, es decir, la que proviene del entorno, que puede ser información sobre consumidores, actualizaciones tecnológicas o innovaciones dentro del ramo industrial o de servicios de la organización,

La interna, constituida por instructivos, informes, circulares, que fluyen dentro de la organización, y

La corporativa, que es la que envía la organización a su entorno, tales como datos estadísticos de consumo de productos o características de la producción; también puede emitir información correspondiente a campañas educativas para la población.

En la figura siguiente se muestra una parte de los componentes de un sistema de comunicación gerencial (46).

SISTEMA DE COMUNICACIÓN GERENCIAL

En una organización, la información que se requiere para su funcionamiento debe fluir eficientemente entre tres niveles: el estratégico, que corresponde a la alta gerencia; el técnico, que corresponde a la gerencia media; y el táctico, que corresponde al nivel ejecutor. Por supuesto, dado que en el procesamiento de esta información intervienen personas, entre ellas se da un proceso de comunicación que se basa en relaciones interpersonales en las que se expresan ideas, hechos y valores. La interacción entre estos tres niveles da lugar, entre otras, a la información corporativa.

Para que exista una comunicación eficaz entre los niveles estratégico, técnico y táctico de la organización, la información debe estar caracterizada por cinco factores o categorías:

1. El *objetivo* de la transmisión de la información, es decir, el mensaje debe tener un propósito que debe reflejar, además, su grado de relevancia o importancia.
2. Debe haber un *responsable* (emisor) de la transmisión de la información.
3. Debe existir un *receptor* claramente definido, que en cierto modo debe estar implícito en el objetivo.
4. El *medio* de envío de la información es crucial, y ello depende del tipo de mensaje y del receptor.
5. Debe estar definida una *frecuencia* de envío de la información, lo cual depende de si se trata de una situación programada o no programada.

Tipos de comunicación

Según la dirección del flujo de información, se presentan los siguientes tipos de comunicación:

Comunicación descendente
El flujo de información se realiza de un nivel superior a otro de menor nivel; por ejemplo, entre el nivel estratégico y el técnico, o entre el técnico y el táctico. Con este tipo de comunicación se suele informar de las orientaciones de la organización y de sus decisiones más relevantes.

Comunicación ascendente
Se da cuando el flujo de información se realiza de un nivel inferior a uno superior. Mediante ella, los líderes efectivos mantienen un contacto directo con las necesidades de los empleados y utilizan los

insumos provenientes de los subordinados para tomar decisiones que estén en sintonía con los objetivos organizacionales.

Comunicación horizontal

En este caso la información fluye en un mismo nivel, y es necesaria para coordinar las actividades con miembros de grupos de trabajo, de departamentos o divisiones. Mientras a la comunicación descendente se le puede llamar "de instrucciones" y a la ascendente "de solicitudes", a la comunicación horizontal se le puede denominar "de logro de metas".

Barreras de la comunicación y el papel del líder

Las barreras de la comunicación se presentan con frecuencia en situaciones de intercambio personal, y ellas pueden bloquear la comunicación, filtrar información, excluir una parte de ella o darle un significado incorrecto. Hay tres tipos de barreras comunicacionales: personales, físicas y semánticas.

Barreras personales

Son obstáculos que provienen de emociones, de gestos, de los valores, y de la carencia de hábitos de hablar bien y escuchar con atención. Se dice que la comunicación, excepto la que se da por contacto físico, se basa en la lectura, la escritura, el habla y la escucha, y que normalmente se dedica más del sesenta por ciento a escuchar, cerca de veinte por ciento a hablar, menos de diez por ciento a leer y cerca de seis por ciento a escribir; sin embargo, en la escuela nos enseñan principalmente a leer y a escribir, y se insiste poco en la importancia de saber hablar y escuchar. No es de extrañar, entonces, que la principal barrera en la comunicación provenga de la falta del desarrollo de estas habilidades, y que a menudo sea ello la causa de que se produzcan barreras o distancias psicológicas entre las personas. Por estas razones, el líder debe tener en cuenta el consejo de que "quienes toman decisiones y no saben escuchar cuentan con menos información".

Barreras físicas

Provienen del ambiente donde se realiza la comunicación y también del medio utilizado. Pueden presentarse si se utiliza un medio inadecuado para la comunicación: la voz cuando hay mucho ruido, un texto con problemas para ser leído, un mensaje electrónico incompleto, etc. También pueden presentarse por la separación geográfica entre el emisor y el receptor, por la presencia de paredes en el ambiente de trabajo, entre otras.

Barreras semánticas

Estas barreras surgen por interpretaciones erróneas que se les da a las palabras o a los símbolos por medio de los cuales intentamos transmitir una información. También pueden surgir por exceso de información, por la presencia de prejuicios y estereotipos, por el uso de tecnicismos, entre otros. Todo esto puede dar lugar a malos entendidos, que pueden resultar costosos para la organización.

Tanto las barreras personales como las semánticas pueden considerarse producto de las limitaciones del ser humano para procesar información, aspecto que se analizó en el capítulo 3 de toma de decisiones individuales.

Para superar las barreras personales, físicas y semánticas de la comunicación, es necesario que los líderes presten la debida atención a los símbolos de la comunicación, tales como palabras, ilustraciones, y acciones no verbales, con el fin de evitar malos entendidos que puedan afectar las relaciones interpersonales, así como la coordinación del trabajo de los equipos para lograr las metas de la organización. Los líderes pueden desempeñar un papel importante en los diversos tipos de comunicación, para evitar el retraso o los filtros en el flujo de información; para ello cuentan con múltiples mecanismos, como por ejemplo, proporcionar retroalimentación acerca del desempeño, establecer políticas de puertas abiertas y celebrar reuniones periódicas para mantener la comunicación entre los miembros de la organización.

10

INNOVACIÓN ORGANIZACIONAL

La innovación

Vivimos en una época signada por la necesidad de generar mayor confort y bienestar, por explorar nuevos espacios en el mar y los cielos, por lograr una mayor paz y armonía espiritual individual y entre los humanos, por la necesidad de tener acceso a información y de procesarla eficientemente para la toma de decisiones oportunas...

La innovación es un concepto omnipresente en el ámbito empresarial, sea éste público o privado. Esto parece obedecer a que la globalización de hoy ha ampliado y complicado el entorno en el que se desenvuelven las empresas, lo cual hace más desafiante su operación y permanencia en un determinado sector manufacturero o de servicios. La necesidad de cubrir nuevos mercados obliga a las empresas a incrementar su competitividad, de allí la necesidad de dedicar buena parte de sus recursos a la investigación y desarrollo de nuevos productos, nuevos métodos, nuevos enfoques, nuevas tecnologías, de mejorar la calidad de éstos, y de aumentar los niveles de eficiencia y productividad organizacional. Por esas razones es necesario el estudio de la innovación.

Concepciones de la innovación

La mayoría de las concepciones de innovación dan muestra de que ésta ha sido concebida bajo esquemas economicistas, por cuanto están referidas a organizaciones del sector productor de bienes de consumo masivo. En efecto, el término innovación fue introducido por Joseph Schumpeter (47) a mediados del siglo pasado en el contexto económico, con la idea de explicar las crisis mundiales que se presentaban aproximadamente cada cincuenta años.

A pesar de estos orígenes de la concepción de la innovación, en los últimos años se ha planteado que *la innovación es un bien*, y que la misma puede ser parte de una política pública, es decir, que hoy existe una visión más amplia, en cuanto a que la innovación puede presentarse no solo en el económico, sino en varios sectores y tipos de organizaciones. En este sentido, el concepto de innovación, como proceso generador de cambio, ha trascendido del contexto disciplinario de la economía a otras disciplinas; además, ha pasado del ámbito tecnológico al social, así como también ha trascendido de las organizaciones productoras de bienes de consumo masivo a organizaciones de servicio.

El especialista Aït-El-Hadj (48) propuso, en 1990, la siguiente definición: "la innovación es un término que tiene una gran riqueza de sentido: la innovación puede englobar tanto la idea de un cambio tecnológico generalizado como la de un *cambio social* dentro de la empresa"; es decir, él plantea que la innovación va más allá de la introducción de una tecnología, más allá de esa concepción "instrumentalista" que expresa que la introducción de un computador, o la introducción de la Internet, o cualquier otro tipo de servicio en computación, puede producir una innovación; para este autor, la innovación puede contener la idea adicional de un cambio social.

En el marco de estas reflexiones con relación a la innovación, hemos construido una concepción de ella en la que se deben considerar las demandas del entorno, las respuestas que se dan a esas exigencias, y cómo ellas se concilian a través del proceso productivo innovador. En efecto, concebimos la innovación como *"un proceso interactivo que tiene por objeto satisfacer necesidades, mediante la introducción de nuevos procesos, enfoques o metodologías, con los que se obtienen resultados exitosos y tienen un impacto en el cuerpo de conocimiento, y en el contexto organizacional y social"* (49). Ejemplos de ello son la radio, el teléfono, el refrigerador, la televisión, el método científico, la lectura rápida, los símbolos de identificación de los miembros de una organización mediante el uniforme, emblemas, frases, etc. En la figura se muestran los elementos básicos de esa definición.

Visión innovadora: valores, redes y actitudes

LA INNOVACIÓN ES UN ENCUENTRO...

En la figura se presenta un eje horizontal que indica que la innovación constituye una respuesta a unas demandas del entorno, y un eje vertical en el que la convergencia de un conjunto de factores críticos, tales como: el rol del líder, la estrategia, la tecnología, la orientación y la evaluación, conducen a un proceso innovador que producirá un impacto social y organizacional. Por eso decimos que la innovación es un encuentro de factores.

Factores críticos o relevantes de la innovación

Cuando hablamos de factores críticos o relevantes de la innovación, pretendemos dar respuesta a la pregunta: ¿qué elementos se conjugan en una organización para producir una innovación? Hemos considerado *cinco factores*; por supuesto, ellos se pueden desagregar en otros; por ejemplo, Kuczmarsky (50) lo hace en ocho en el contexto empresarial.

Los factores que describiremos a continuación se conforman en un sistema, lo que significa que ninguno de manera individual determina el éxito o el fracaso de dicho proceso. En consecuencia, el impacto en el cuerpo de conocimiento, y en el entorno organizacional y social, está estrechamente relacionado con la adecuada combinación de los elementos que integran el sistema, y su correspondencia con la situación interna y la vinculación de ésta con el medio ambiente de la organización.

1. *El rol del líder*
Tres palabras claves definen el rol del líder en este caso: *optimista*, *animado* y *positivo*. Concebimos al líder como una persona con ética, consciente de su papel como generador de cambios dentro y fuera de la organización, con una actitud que promueve la formación de equipos, y que motiva a los individuos para que ese espíritu, ese ánimo de generación de cambios esté presente en los subalternos, y pueda hacer de cada uno de ellos un innovador. El líder debe tener como propósito incrementar la autoestima del personal facilitando las condiciones para el desarrollo de sus potencialidades y su creatividad, y propiciar la creación de un clima de confianza entre ellos.

2. *La estrategia*
La estrategia clave es la *participación*, la cual debe estar basada en una visión compartida, que debe traducirse en un compromiso con

normas, con valores, y con la responsabilidad de cada uno con la innovación. Esta comunión de propósitos en cuanto al establecimiento de objetivos y metas organizacionales claras debe conducir a la creación de un ambiente innovador.

3. El papel de la tecnología

El efecto de la tecnología en el proceso de innovación es indiscutible, de modo que es necesario enmarcar las tecnologías dentro de la visión referida previamente, y ello se concreta en una evaluación o diagnóstico de los *recursos tecnológicos* existentes en la organización, así como la capacidad de obtenerlos del entorno y adecuarlas a las necesidades de la organización.

4. La orientación del proceso innovador

Este es un proceso que debe basarse en la interactividad de los actores relevantes, con el fin de aprovechar su capacidad de análisis. La innovación debe estar orientada por una ética y tener como propósito satisfacer las necesidades organizacionales y del entorno. Ello debe concretarse en el diseño y elaboración de nuevos *enfoques*, nuevos *procesos* o nuevas *metodologías* que den resultados exitosos dentro y fuera del ámbito organizacional. En esto es esencial la congruencia entre los objetivos personales y profesionales de los miembros de la organización, y los objetivos y la misión de ella.

5. La evaluación del proceso de innovación

La evaluación sistémica de la innovación se realizará con base en un conjunto de criterios que deben estar inscritos dentro de cuatro dimensiones: *producción, pertinencia, efectividad* y *eficiencia*; esas cuatro dimensiones son fundamentales, en principio, dentro de toda actividad, pero en la innovación son esenciales porque tienen que ver con la producción de la innovación, que está relacionada directamente con el papel de los recursos tecnológicos; la pertinencia, porque dentro de todo ámbito organizacional debemos plantearnos el impacto, el efecto social de nuestras acciones; la efectividad, que tiene que ver con el logro de los objetivos; y la eficiencia, que es la efectividad basada en los costos financieros, de tiempo y esfuerzo para realizar la innovación.

La integración de estos cinco factores en una organización debe conducir a resultados exitosos, y a un impacto en el cuerpo de conocimiento y en el contexto organizacional y social; cuando esto ocurre, decimos que se ha producido una innovación. En la figura siguiente se presenta la visión sistémica de los factores relevantes de la innovación en una organización.

PROCESO DE INNOVACIÓN

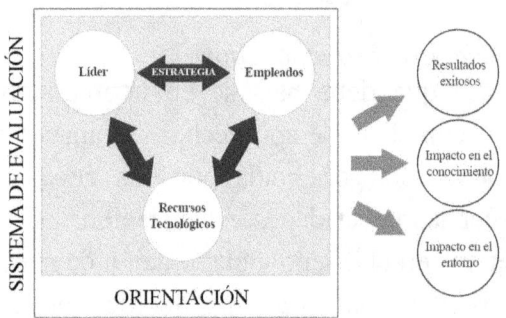

Una nota final acerca del concepto de innovatividad, entendida como la construcción de redes de innovación, es decir, la conformación de un sistema de relaciones entre empresas, instituciones, grupos y asociaciones de interés público y privado, para organizar la producción, comercialización o puesta en servicio de un bien, signadas por actitudes de apertura, coordinación, intercambio y cooperación.

La importancia de la innovatividad es que puede formar parte de una política pública, lo cual ofrecería grandes beneficios tanto a las organizaciones o empresas, como a los niveles de gobierno local, regional y nacional. La innovatividad surge como una alternativa para atender las demandas y complejidades del entorno .

11

LAS REUNIONES

La dinámica de las reuniones

Una reunión es un encuentro de dos o más personas que tienen por lo menos un objetivo común, y en la que se pueden presentar directamente diversos tipos de comunicación relacionados con los sentidos: mediante gestos (sentido de la vista), por medio del habla o la escucha (sentido de la audición), a través del contacto físico (sentido del tacto), además del importante papel que podría jugar el aroma o perfumes del ambiente, así como la posibilidad de degustar, en el caso de que la gastronomía sea relevante en la reunión. El equilibrio que nuestros sentidos perciban en el ambiente donde se realiza la reunión es fundamental para el logro de sus objetivos.

En una organización existen reuniones formales y reuniones informales, siempre dirigidas a tomar decisiones de mejor calidad que las que podría tomar un individuo acerca de planes y proyectos de la organización; una idea de un miembro puede ser transformada y potenciada por la acción del grupo. Por estas razones, es imposible concebir una organización en la que no se produzcan reuniones; y por ello es imprescindible comprender su dinámica, sus características, y la manera de ser efectivos en ellas. La expresión "nadie hace una reunión cuando un barco se está hundiendo" destaca la importancia de esta actividad en las organizaciones.

Funciones de las reuniones

Las reuniones en una organización cumplen un conjunto de funciones; algunas de ellas son:

1. *Pertenencia*
Cada uno de los presentes en una reunión se siente identificado con los otros, es decir, no hay "extraños". Si se trata de una reunión de mercadeo, o de políticas de la empresa, cada uno se siente parte del grupo. Incluso, en ciertas ocasiones, los invitados a una reunión pueden sentirse miembros del grupo, aun cuando su presencia se deba a un reconocimiento de sus competencias en el asunto que se trata en la reunión.

2. *Existe un sistema de conocimientos sobreentendido*
Así como cada individuo tiene un conjunto de valores, creencias y expectativas, también el grupo posee un conjunto de conocimientos, experiencias, juicios y hábitos que se forman y consolidan en el tiempo. En algunos casos de grupos institucionalizados, ciertas normas de comportamiento van más allá de los individuos, tal como ocurre, por ejemplo, en un grupo político o religioso, en grupos sociales que se reúnen por ideales o motivos específicos, etc.; y esas normas son reconocidas y asumidas inmediatamente que un individuo empieza a formar parte de esos grupos.

3. *Fijar objetivos y tareas*
Una reunión contribuye a que sus miembros definan y aclaren sus objetivos y tareas como individuos y como grupo, siempre en el marco de los objetivos y la misión de la organización; esto facilitará su actuación de manera unida, integrada.

4. *Compromiso*
Luego de que el grupo toma una decisión, ésta es asumida por cada miembro –aunque no la comparta–, si bien es posible que pueda

expresar su desacuerdo; claro, esto último sólo se da en grupos democráticos. En todo caso, una decisión de un grupo tiene mayor legitimidad que una individual, y así es reconocida por los otros miembros de la organización.

5. *Identificación y reconocimiento del directivo como líder*

Una reunión es una ocasión para que sus participantes identifiquen al directivo como líder, y no solo como una persona que cumple unas funciones administrativas en la organización. Esto es importante en organizaciones grandes o separadas geográficamente, en las que a menudo el directivo no tiene la posibilidad de estar en todas las dependencias o sucursales orientando y haciéndole seguimiento directo a las tareas.

6. *Afirmación de posición (estatus) en la empresa*

Una reunión es una oportunidad para que cada miembro o participante pueda mostrar su jerarquía, una especie de "quién es quién", y, sobre todo, para reconocer la diferencia entre los roles que juega cada uno y la importancia de tales roles.

Nos hemos referido a algunas funciones que cumplen las reuniones. Su aprovechamiento *positivo* para el cumplimiento de los objetivos organizacionales es inmenso; pero también debemos advertir que hacer un mal uso de estas funciones podría conducir a ineficiencias, al deterioro del clima de la organización, y finalmente al incumplimiento de sus metas y objetivos.

Efectividad de las reuniones

La necesidad de realizar una reunión la determina la importancia o relevancia de su objetivo o de la decisión que se vaya a tomar en función de los objetivos organizacionales; a su vez, esto influye en la frecuencia con que se realice (si es diaria, semanal o mensual), y su conformación, es decir, quiénes y en qué número asisten a la reunión. A continuación describiremos algunos pasos para llevar a cabo con éxito una reunión.

1. *Importancia para la organización*

El objetivo máximo, primordial, de una reunión es que sea *útil*. Por eso, en primer lugar, hay que partir de que toda reunión se debe realizar, en toda medida, en función de los objetivos de la organización; y la necesidad de hacerla debe estar orientada por ello. Este es un aspecto importante, y debe ser objeto de evaluación en todo momento: al inicio, pues toda reunión tiene unos objetivos definidos, tal como veremos en el punto siguiente; también durante la reunión, ya que en cualquier momento podemos plantear su suspensión o continuación, siempre teniendo presente a la organización; y al final, para evaluar su efectividad, si se cumplieron sus objetivos, y la posibilidad de hacer una nueva reunión.

2. *Establecimiento de objetivos*

Una reunión puede tener diversos objetivos, según la información que se vaya a suministrar, o el objeto de discusión, o de la decisión que se vaya a tomar; así, tenemos lo siguiente:

Información: con el objeto de observar reacciones directas y de intercambiar opiniones con relación a una información. Este aspecto es amplio y podría incluir todo lo que tenga que ver con el funcionamiento de la organización, así como informes de avance y conflictos que se estén presentando.

Diagnóstico de una situación: para evaluar, por ejemplo, impactos tecnológicos, estudios de mercado, la aprobación de un nuevo marco legal y sus efectos en la empresa, la incorporación o la desincorporación de clientes o de proveedores, cambios ambientales, cambios políticos, el cumplimiento de la misión, los objetivos y las metas de la organización, entre otras.

Diseño de nuevas políticas: con el fin de introducir nuevos productos o servicios, discutir cambios organizacionales, nuevos procedimientos de producción o de prestación de servicios a los usuarios o consumidores, etc.

Asignación de responsabilidades: para distribuir tareas a departamentos o grupos en la ejecución de proyectos o en la implementación de decisiones.

Legitimar decisiones: en el caso de que el grupo dependa de un nivel jerárquico medio (se le llamó "técnico" en el capítulo 9), la reunión podría servir para legitimar decisiones de los superiores, en el sentido de que se asuma la ejecución de esas decisiones.

3. *Preparación*

El ambiente: se debe buscar y ¡crear! el ambiente más propicio para realizar la reunión. Recuerde lo dicho al principio de este capítulo con relación a los sentidos.

Los asistentes: el número ideal (o funcional) de asistentes a una reunión debe estar entre cuatro y siete, siendo no recomendable que supere a doce; de manera que el líder de la reunión debe evaluar quiénes deben estar presentes en cada punto de la agenda, o si es posible hacer reuniones separadas.

La convocatoria: realizar la convocatoria con suficiente antelación. Una sugerencia, a este respecto, es utilizar al menos dos de los siguientes medios de convocatoria: vía escrita (formal), vía telefónica, personalmente, por medio de Internet, intranet, entre otras. Incluso, si se han establecido reuniones periódicas programadas, hay que enviar mensajes de confirmación.

La agenda: es importante, con el fin de aligerar la reunión, que el líder converse previamente con algunos de los asistentes acerca de la agenda; ello no debe implicar que se busque apoyo o el sesgo de algunos de los participantes, sino de agregar interés o motivación por algún punto especial de la agenda. Ella debe ser, en primer lugar, realista, es decir, que se asegure su cumplimiento. En segundo lugar, debe ser explícita en cada uno de sus puntos, sin ambigüedades; quizás una breve nota explicativa de cada punto puede atraer la atención de los asistentes hacia su discusión; incluso, en esa nota se podría indicar si el punto corresponde a uno de los cinco objetivos descritos en el punto 2 anterior. En tercer lugar, hay que ordenar los puntos por su importancia, así como colocar al inicio los puntos menos polémicos o críticos; además, el conductor de la reunión debe juzgar qué puntos son urgentes, así como el tratamiento que debe darles y el momento de su inclusión en la discusión. Y finalmente, se debe señalar la hora de inicio y culminación de la reunión, así como la hora de discusión de cada punto, si bien esto último debe tomarse sólo como referencia y no como una restricción del abordaje de un punto.

La documentación: la entrega de documentos acerca de cada punto es, en muchos casos, imprescindible, pues contribuye a cumplir con la primera fase de la toma de decisiones, como es la fase de inteligencia, y además, ahorra tiempo de reunión. Todos los participantes deberían traer sus reflexiones acerca de cada punto de la agenda, y esto se logra si se tiene información previa. Si es necesario leer algún documento durante la reunión, éste debe ser corto, no más de dos cuartillas.

4. *Durante la reunión*

Importancia: el conductor de la reunión debe referirse, entre sus palabras iniciales, a la importancia de la reunión para la organización.

Designación de secretario: debe asignarse el rol de secretario o de secretaria a alguno de los participantes, para registrar los nombres de los participantes y para recoger los acuerdos. En algunos casos se puede grabar la reunión completa o parte de ella, siempre con autorización de los participantes.

Armonía: el conductor de la reunión debe asegurar la armonía del grupo, sin olvidar la calidad de las decisiones que se tomen; este equilibro no siempre es fácil mantenerlo. Una sugerencia es iniciar la reunión con los puntos que unen al grupo, con el fin de tener una base de acuerdos que pueda ser utilizada para disminuir el impacto de algún conflicto en un tema álgido.

Interés y motivación: el conductor de la reunión debe mantener el interés y la motivación de los participantes acerca de los puntos en discusión y de la reunión en general; una manera de lograrlo es estimulando y promoviendo la participación de todos.

Tiempo: se debe procurar seguir el orden del día en cuanto al tiempo asignado a cada punto; esto evita el alargue de la reunión, lo que va en favor de su efectividad. En este sentido, cabe señalar que el tiempo de duración de la reunión es importante, pues se sabe que después de una hora y media de reunión normalmente la efectividad decae; el conductor de la reunión, a este respecto, debe limitar, en lo posible, el tiempo de intervención de cada participante.

5. *Seguimiento de la reunión*
Al final, el conductor de la reunión debe destacar la importancia de la contribución de cada participante, en función de los objetivos de la reunión y de la organización; esto, sin lugar a dudas, contribuye a mantener la motivación y el interés de los participantes. Si es el caso, se podría fijar la fecha y lugar de una próxima reunión. Posteriormente, debe elaborarse el informe de la reunión con los detalles más relevantes y las decisiones tomadas, pues en algunas organizaciones estos son elementos considerados para la evaluación de los directivos y subalternos.

Los conceptos tratados en los capítulos anteriores: liderazgo, comunicación, reunión, entre muchos otros, convergen en el órgano principal de puesta en práctica de decisiones y de logro de metas; nos referimos al equipo de trabajo, al cual dedicamos el capítulo siguiente.

12

EL EQUIPO DE TRABAJO

El equipo

El *equipo de trabajo* (51) va más allá de una reunión. La diferencia fundamental entre una reunión y un equipo consiste en que en este último se fijan objetivos específicos y tareas concretas, es decir, no podemos hablar de equipos informales, tal como sí se puede hacer de las reuniones. Por otra parte, las reuniones y los equipos difieren en cuanto a sus objetivos; por ejemplo, uno puede reunir a nueve lanzadores y discutir tácticas, técnicas, estrategias, etc., pero uno no puede formar un equipo (competitivo) de béisbol con esos nueve lanzadores. Veamos cómo Marguerite Yourcenar hace que Adriano valore al equipo que lo acompañaba:

> Una buena voluntad admirable se concentró en torno de mí: la reducida tropa que mandaba tenía en su estrecha cohesión una forma suprema de virtud, la única que soporto todavía: su firme determinación de ser útil (52).

Yourcenar eleva el "ser útil" a una virtud suprema. Respetemos su palabra y tomemos la de Jeffrey Pfeffer, quien en el siguiente pasaje critica la formación individualista y ajena a la realidad que recibimos en la escuela. Él dice:

Lecciones (de la escuela) para olvidar (53)
La primera lección es la de que la vida se configura a tenor del esfuerzo, la habilidad y el logro de cada uno... Este no es el caso de las empresas. Si conoces la estrategia de tu organización y tus colegas no, lo más probable es que encuentres dificultades para llevar a cabo cualquier cosa...
La segunda lección que asimilamos en la escuela y que puede ser incluso más difícil de olvidar, es la de que hay respuestas incorrectas...

Este autor, en la primera lección, hace énfasis en que el éxito de una empresa depende del trabajo conjunto de sus miembros, lo que abordaremos en este capítulo, mientras que la segunda lección la dejamos para que usted la vincule con el capítulo 6 sobre la incertidumbre.

Características del trabajo en equipo

El *trabajo en equipo*, es decir, la concreción de la actividad de un equipo de trabajo, se da cuando se presentan las siguientes características:

a. Existe un objetivo definido, o una tarea explícita, específica, cuyo cumplimiento será objeto de una evaluación final. Este objetivo debe ser motivador, atractivo, que implique un desafío realista y alcanzable en un plazo determinado. No tiene sentido conformar un equipo de especialistas para que realicen tareas rutinarias, de escasa complejidad, así como tampoco deben plantearse tareas imposibles. Si se trata de una tarea compleja, se sugiere establecer metas intermedias, cuyo logro contribuya a mantener la motivación del equipo.

b. El logro del objetivo, o la realización de la tarea, está por encima de la ejecutoria de cada uno de sus miembros. A este respecto, aquí cobra sentido de nuevo la expresión de que "el todo es más que la suma de sus partes"; coloquialmente, se dice que "dos cabezas piensan mejor que una".

c. Cada miembro del equipo tiene una especialización que es complementaria de la de los otros; de igual modo, cada integrante del equipo tiene una responsabilidad que cumplir.

d. Existe una coordinación. El desempeño de un equipo puede mejorar notablemente si quien lo coordina tiene mayor experiencia, una visión más completa del trabajo a realizar y puede ejercer el papel de conductor del grupo; en ese caso, sus funciones serían principalmente mantener la cohesión del equipo, orientar la superación de cualquier obstáculo o dificultad que surja en el funcionamiento, mostrarle confianza en sus competencias a los miembros del equipo, y supervisar su desempeño en cuanto a los plazos, el presupuesto ejecutado, y la calidad del trabajo realizado, entre otras.

e. Existen reglas, normas específicas de actuación dentro del equipo. Estas normas pueden ser fijadas internamente.

f. El equipo tiene autonomía para tomar decisiones, en función de sus objetivos o tareas. Esto implica que inicialmente deben asignársele recursos para su funcionamiento, así como contar con el apoyo constante de los superiores.

Un grupo médico conformado por cirujanos, anestesiólogo, especialista cardiovascular y enfermeras, en una sala de operaciones, forma un equipo de trabajo. Al contrario, un grupo de personas en el que cada uno realiza su trabajo de forma individual y sin que influya el trabajo del resto de sus compañeros, no forma un equipo.

Beneficios del trabajo en equipo

Si bien la conformación de equipos de trabajo no puede constituir una norma en el funcionamiento de una organización, es indudable que en aquellas en las que se pueda crear esa cultura (o al menos un estilo) de trabajo se obtienen múltiples beneficios, entre los cuales se pueden citar:

- Mayor eficacia en la solución de los problemas.
- Posibilidad de explorar la creatividad de las personas trabajando en equipo.
- Aprendizaje grupal y organizacional en cuanto a la creación y difusión de una cultura de grupos exitosos.
- Distribución de tareas y esfuerzos.
- Liderazgo compartido.
- Solidaridad y apoyo entre los miembros dentro y fuera del grupo.

Dificultades de los equipos de trabajo

En el trabajo en equipo, como en cualquier actividad, pueden surgir situaciones que obstaculicen el cumplimiento de su objetivo o tarea. Entre ellas se encuentran:

- Falta de apoyo de los superiores.
- Pérdida de motivación.
- Aparición de la rutina.
- Pérdida de la cohesión del equipo.
- Pérdida de confianza entre los integrantes.
- Conflicto con otras áreas, departamentos o dependencias de la organización.

Cuando surgen dificultades, independientemente de su gravedad, es fundamental que el coordinador del equipo informe claramente a sus miembros, es decir, que no trate de "disimular" los hechos, pues ello influiría negativamente en la confianza del equipo hacia él.

La presencia de conflictos tiene al menos un aspecto positivo, y es que cuando son funcionales (volveremos a esto en el capítulo 16) consiguen cohesionar más al equipo, pues ponen a prueba su capacidad para enfrentarlas. Muchos equipos dan lo mejor de sí ante los obstáculos, y, aunque sea competencia de sólo una persona tomar las medidas oportunas para hacer frente a un problema determinado, es conveniente consultar con el equipo para hallar una solución en conjunto.

Introducción del equipo de trabajo en la empresa

Hoy en día, en muchas empresas sigue prevaleciendo el trabajo individual, y por ello el *trabajo en equipo* no deja de ser algo novedoso, y por ese motivo algunos directivos desconfían y hasta lo consideran una pérdida de tiempo, mientras muchos otros dirigen sus esfuerzos a conformar equipos interdisciplinarios capaces de realizar múltiples tareas. He aquí tres razones fundamentales para la conformación de equipos en la empresa:

Habilidades funcionales o técnicas
Construir un edificio no es tarea solo de ingenieros civiles, sino también de albañiles, mezcladores, dibujantes, pintores, carpinteros, administradores, y muchos otros. Ante la realidad de que nadie sabe de todo, o que nadie tiene las competencias para realizar cualquier tarea, el ser humano ha buscado, a lo largo de la historia, formar grupos para conjugar habilidades, destrezas y conocimientos para lograr un objetivo. Por esta razón, en una organización, en donde normalmente se realizan tareas complejas, es necesario conformar equipos de trabajo.

Habilidades de resolución de problemas

Si realizar una tarea individualmente es tarea difícil, con más razón resolver un problema exige complementar nuestras habilidades con las de otros, pues en todas las fases de la toma de decisiones es necesario considerar múltiples variables y factores, además de analizar la situación desde diferentes punto de vista. Los equipos de trabajo se conforman para realizar tanto tareas simples como de alta complejidad; ante estas últimas, un equipo sería más efectivo que un individuo para superar las dificultades que se presenten. Tan solo imaginemos que debemos evaluar un problema que ha surgido en la construcción de un puente que une a dos ciudades separadas por un río. En este caso, habrá muchos ángulos de consideración de parte de los diferentes interesados: ingenieros, comerciantes, políticos, habitantes, administradores, transportistas, ambientalistas, etc. De tal manera que, al presentarse un problema, si queremos lograr una decisión de buena calidad, debemos conformar un equipo que conjugue distintas experiencias y habilidades de resolución de problemas.

Habilidades interpersonales

En la conformación de un equipo hemos dicho que se deben considerar los diferentes perfiles profesionales y personales. El ser humano presenta una riqueza tal de comportamientos, que conformar un equipo con una alta variedad de personalidades sería mucho más efectivo que hacerlo con personas similares. Esto es fundamental para la toma de decisiones, igual que a la hora de resolver conflictos. Por otra parte, en vista de que no todos tenemos habilidades comunicativas, o de conciliación, y tampoco todos tenemos la misma paciencia, ecuanimidad, equilibrio, o disposición al arrojo, o a la audacia, el equipo puede constituirse en un espacio para el crecimiento personal y profesional.

La idea de introducir el trabajo en equipo en una organización es un poco compleja, aunque bien vale la pena hacer el esfuerzo. A continuación señalamos algunas sugerencias para ello, y las acompañaremos de las posibles dificultades o limitaciones que pueden encontrarse en ese camino.

1. El equipo debe contar con el apoyo de los niveles superiores jerárquicos, tratando, sobre todo, de evitar los conflictos que podrían surgir de la introducción de un nuevo método de trabajo en la organización.

2. Se deben formar equipos sólo cuando son estrictamente necesarios. Es decir, que la organización tenga claro que esa decisión no obedece a un capricho, sino a una tendencia en la visión del trabajo dentro de la organización.

3. Es necesario fijar claramente sus objetivos y tareas. La actividad de un grupo podría influir en algunas áreas o departamentos de la organización, y sería un grave error crear un equipo que produzca tensiones entre éste y algunas dependencias por competencias funcionales.

4. Establecer su ubicación dentro de la estructura organizacional, es decir, determinar su relación con las dependencias de la organización y el grado de autonomía para planificar su trabajo y tomar decisiones, teniendo siempre presente que hay que evitar la constitución de un "nosotros" (el equipo) y un "ellos" (el resto de la organización). De hecho, aunque un equipo podría estar conformado por miembros de distintas dependencias, éste debe estar integrado a la empresa.

5. Seleccionar a sus integrantes según un perfil de cualidades personales y de capacidades profesionales, de modo que se asegure la empatía del grupo y su multidisciplinariedad, pues se ha comprobado que la diversidad profesional enriquece los equipos. Además, tal como hemos dicho previamente, cualquier grupo de personas no necesariamente constituye un equipo.

6. La selección del coordinador del equipo también es importante, pues debe ser reconocido por los restantes miembros en atención a sus virtudes personales, su capacidad profesional y su experiencia.

7. Debe dedicarse especial atención a la asignación de recursos, pues ello podría ser una fuente de conflictos con dependencias de la organización.

8. Establecer los criterios de evaluación de la efectividad del equipo: cumplimiento de plazos, ejecución presupuestaria, calidad de las decisiones, y el logro de metas parciales y objetivos finales. En este sentido, debe tenerse cuidado de no "empujar" al equipo más allá de sus límites y capacidades.

9. Asegurar que los miembros del equipo no descuiden sus otras funciones en la organización.

10. Fijar incentivos o recompensas por los logros del equipo. A este respecto, debe establecerse una política clara de los incentivos y de la evaluación del desempeño de los equipos, con relación al resto de la organización. Y, sobre todo, no descuidar los incentivos individuales.

11. Ofrecer a sus miembros cursos de formación sobre el trabajo en equipo, en temas tales como coordinación, toma de decisiones, dirección de reuniones, liderazgo, comunicación, entre otros.

En virtud de las nuevas tendencias en el trabajo dentro de una organización, la empresa de hoy debe estimular la participación de un empleado en un equipo de trabajo, y que ello constituya para él o ella una oportunidad de alcanzar metas superiores personales y profesionales.

13

LA MOTIVACIÓN

Un círculo virtuoso

En el capítulo 5, de toma de decisiones organizacionales, se presentó lo que se denominó *el círculo virtuoso* que conforman los procesos de motivación, desempeño y productividad, en el que se muestra la estrecha relación entre ellos. Esa parte del modelo se recuerda a continuación.

Esos tres procesos, que estudiaremos ahora y en los dos capítulos siguientes, son retroalimentados por otros dos: la comunicación y la toma de decisiones. Visto este contexto, pasemos a estudiar en primer lugar la motivación.

Tipos de motivación

La motivación es un agente dinamizador de la conducta humana, es un impulso por lograr algo superior a lo que tenemos, y es, además, uno de los factores subjetivos que más contribuye a la elevación de los niveles de desempeño y de productividad.

Tal como se puede apreciar en la figura siguiente, existe un conjunto de variables que intervienen en la motivación: unas son externas al individuo, tales como las condiciones del ambiente, la oportunidad de la situación, las metas trazadas y los incentivos recibidos, así como el papel de primera línea que juega el líder por su poder de influencia sobre las personas; otras son internas, tales como la autoestima y las capacidades. Todas ellas inciden en el comportamiento del individuo. Estas variables se conjugan para satisfacer unas necesidades, lo que dará lugar a unas recompensas, y esto generará nuevas necesidades.

**VARIABLES QUE INTERVIENEN
EN LA MOTIVACIÓN**

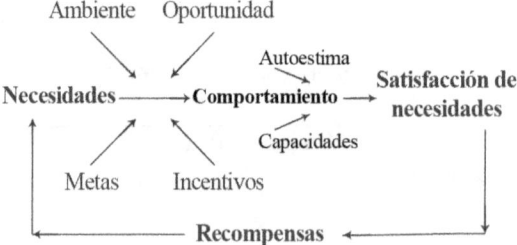

A continuación, se describen algunos tipos de motivación.

Motivación al logro
Es el impulso que tienen algunas personas de asumir retos o superar obstáculos, a fin de alcanzar sus metas. Un individuo con este

impulso busca desarrollarse y crecer, y avanzar hacia el éxito. El logro es importante por sí mismo, y puede darse incluso en ausencia de recompensas externas.

Motivación por afiliación

El desempeño de las personas con este tipo de motivación aumenta cuando trabaja con otros, y son más efectivas cuando son recompensadas por sus actitudes favorables y su cooperación. De igual manera, para ellas la actuación del líder puede ser determinante para el logro de sus metas. Estas personas sienten un impulso por sentirse acompañadas en una actividad organizacional o social.

Motivación por competencia

Es un impulso por ser eficiente y realizar un trabajo de buena calidad. Las personas motivadas por la competencia se esmeran en su formación profesional y en el desarrollo de habilidades para la solución de problemas; cuando esta motivación se combina con un deseo innovador, la organización recibe altos beneficios porque estas personas buscan ser más productivas.

Motivación por poder

Es un impulso por alcanzar posiciones o cargos desde donde se pueda influir mejor en las personas e introducir cambios organizacionales, con el objeto de crear un impacto y "dejar huella" en la organización. Las personas motivadas por el poder pueden ser excelentes gerentes o líderes, si sus impulsos son canalizados en favor de la organización y no del individuo.

Una de las tareas principales de un líder es identificar el tipo de motivación que caracteriza a sus subalternos, con el fin de aumentar el compromiso de éstos e incrementar la productividad de la organización.

Teorías de motivación y modelos de recompensa

Existen varias teorías de motivación, tales como la de Maslow (54), basada en la satisfacción de las necesidades humanas primarias y de orden superior; la de Herzberg (55), que plantea la existencia de dos factores: uno de mantenimiento y otro motivacional, que inciden en la satisfacción del empleado; o la de Alderfer (56), que propone una jerarquía de necesidades de tres niveles: existencia, relación y crecimiento. Y así otras, que tratan de explicar por qué surgen los impulsos motivacionales descritos antes en este capítulo.

En lugar de presentar en detalle las teorías de motivación, lo que nos alejaría del propósito práctico de este libro, revisaremos algunos modelos de recompensa basados en estas teorías. Estos modelos son de gran ayuda a los líderes y gerentes que desean mantener una alta motivación de sus empleados, aunque, como ya hemos indicado, la motivación es un proceso de gran complejidad.

Modelos de recompensas

Uno de los aspectos más difíciles de la gerencia es el establecimiento de un sistema de incentivos y recompensas justo para los empleados, y que a la vez incremente la eficiencia y la productividad de la organización. A continuación, presentamos tres modelos de los muchos que podrían considerarse como referentes para el diseño de un sistema de incentivos y recompensas adecuados a una organización particular.

Modelo de expectativas. Este sistema se basa en la combinación de tres factores:

a. El deseo de una persona por alcanzar un objetivo o una meta para recibir una cierta recompensa.

b. La relación que la persona establece entre su esfuerzo y la recompensa, y

c. La posibilidad percibida por esa persona de que recibirá la recompensa cuando haya cumplido con sus tareas.

En la medida en que estas expectativas sean satisfechas, la motivación de la persona cambiará.

Modelo de equidad

La mayoría de los empleados establece comparaciones entre el sistema de incentivos y recompensas de su organización y el de otras, y aspira a que el que le corresponde sea justo desde varios aspectos: psicológicos, sociales, y económicos. Esto se corresponde con el modelo de equidad de John Stacey Adams (57), quien plantea que los empleados tienden a valorar la justicia al comparar sus aportes y contribuciones en su trabajo con las recompensas que reciben. Por ejemplo, una persona puede comparar su formación profesional y su dedicación al trabajo con la remuneración que reciben él y los otros, y esto puede constituir una fuente de motivación o no.

Modelo de atribución

La atribución es el proceso mediante el cual las personas dan una interpretación a las causas de su comportamiento y el de los demás, lo que determina en cierta medida su comportamiento futuro. Es decir, el modelo se basa en la percepción del empleado, por una parte, de las condiciones del ambiente laboral físico y psicológico, además de su esfuerzo y capacidad, y por otra, evalúa la estabilidad de estas condiciones, es decir, qué posibilidades hay de algún cambio en esas condiciones. El sistema de recompensa diseñado sobre estas bases toma en cuenta especialmente al contexto y al empleado, y no solo a la recompensa.

14

EL DESEMPEÑO Y SU RECOMPENSA

Evaluación del desempeño

En el capítulo anterior se estudió la motivación como un catalizador del comportamiento humano. La dificultad práctica de ese importante proceso es que no hay manera de cuantificarlo; precisamente, para superar ese obstáculo se introduce el concepto de desempeño, y lo acompaña su intento de hacerlo útil: la evaluación del desempeño, a lo que nos referiremos seguidamente.

Toda evaluación es importante para una organización, y, en el caso del desempeño, nos podemos aproximar a ella dándoles respuesta a los interrogativos que se indican a continuación:

¿Qué?
La organización debe determinar claramente qué aspectos le interesa evaluar, y así establecer los indicadores tanto para los individuos como para los grupos. Estos indicadores varían de una organización a otra, pero en general se pueden mencionar algunos importantes, tales como: el grado de coordinación o comunicación con otros equipos; la eficiencia en el uso de los recursos financieros; el tiempo de ejecución de las tareas; la calidad de sus productos, tales como información, bienes, decisiones, etc., entre otros. En algunas empresas, la asistencia y la puntualidad pueden ser esenciales como

criterios de evaluación; en otras, el número de personas o casos atendidos, o la cantidad de reportes realizados. Por supuesto, todo indicador que se emplee debe estar plenamente justificado.

¿Por qué?

Desde la perspectiva del directivo, la evaluación del desempeño debe hacerse porque sus resultados constituyen un indicador del funcionamiento de la empresa, y de en qué medida se están cumpliendo sus objetivos y su misión.

¿Cuándo?

La organización debe diseñar un sistema de evaluación que determine periódicamente los niveles de desempeño de su personal. La periodicidad puede variar según las metas y objetivos establecidos en el plan presupuestario u operativo.

¿Para qué?

Desde la perspectiva del directivo, permite establecer los niveles de incentivos y recompensas que deben dárseles a los empleados, o realizar los correctivos que fueren necesarios en caso de ineficiencias. Desde la perspectiva del empleado, él o ella siente la necesidad de que su trabajo sea valorado y diferenciado del de los otros, bien como individuo, o como miembro de un grupo. De esta manera, el empleado puede conocer cómo la organización percibe su desempeño.

¿Quién y a quién?

La evaluación puede ser dirigida por un departamento específico de la empresa, o puede ser realizada por los coordinadores o jefes de los equipos o departamentos. Se supone que todos los empleados deben ser objeto de evaluación, de manera individual y como integrante de un equipo. Ningún directivo puede ser indiferente a implementar mecanismos y criterios de evaluación.

¿Cómo?

Lo más recomendable es que la evaluación sea objetiva, y puede ser realizada por escrito o vía Internet.

Los resultados de la evaluación deben ser comunicados con regularidad a los empleados directamente, o a los coordinadores de los equipos. En algunos casos, podría justificarse una reunión para comunicar los resultados; esto permitiría establecer líneas y orientaciones de cambios para mejorar el desempeño y hacer su seguimiento.

Tipos de incentivos o recompensas

En la sección anterior se dijo que el objetivo de un sistema de evaluación es que sirva de base a un sistema de incentivos o recompensas, a fin de producirle satisfacción al empleado. Aquí presentamos, por una parte, los tipos de incentivos más usuales, y por otra, algunas sugerencias o notas que debemos tener presentes con relación al manejo de un sistema de incentivos. Ahora bien, la complejidad del ser humano hace que tengamos que considerar tanto los incentivos extrínsecos o tangibles como los intrínsecos o intangibles. Algunos incentivos extrínsecos que producen satisfacción son:

* Aumento de sueldo
* Bonos por desempeños sobresalientes o extraordinarios
* Ascensos
* Asignación de mayores recursos al equipo o a la dependencia a su cargo
* Mejora de las condiciones de trabajo
* Reconocimiento público en medios de comunicación interno o externo

Los incentivos intrínsecos que pueden producir satisfacción son más difíciles de tratar, por cuanto corresponden a una valoración interna del individuo. Algunos de ellos podrían ser:

- Asignación de mayores responsabilidades
- Aumento de su credibilidad
- Reconocimiento de competencias
- Contribución al prestigio de la compañía
- Reconocimiento a su esfuerzo y dedicación
- Muestras de afecto

Notas con sugerencias acerca de un sistema de recompensas

1. Ante un equipo de trabajo, la organización debe establecer dos niveles de gratificaciones: uno dirigido al equipo y otro dirigido a sus miembros individualmente.

2. Aunque el trabajo en equipo sea básicamente colectivo, es necesario diferenciar los aportes de cada miembro; no obstante, esta diferenciación debe ser justa y equilibrada, con el fin de evitar posibles polémicas o conflictos.

3. El premio al logro individual podría contribuir a crear cierto espíritu de sana competitividad dentro del equipo, lo que provocaría un mejor desempeño. Si no existiera el reconocimiento individual, se podría fomentar cierto conformismo, y cobraría fuerza el argumento de: "¿Para qué esforzarme más que los otros si voy a obtener lo mismo que ellos?".

4. El reconocimiento al equipo también es indispensable para mantener el espíritu corporativo, ya que el trabajo en equipo requiere de las competencias de cada miembro. Si sólo se reconociera el esfuerzo individual, ello afectaría la cohesión del grupo, y sus

miembros, en lugar de actuar en función del equipo, tratarían de destacar individualmente.

5. Dentro de la autonomía de decisión de un equipo debería incluirse la posibilidad de incentivos o recompensas propuestas por el grupo, aunque sean pequeñas, pero que sirvan para distinguir y reconocer el esfuerzo colectivo e individual de sus miembros. Este tipo de incentivos debe tener normas fijas, entre ellas la de que sea estrictamente objetivo, es decir, basado en indicadores cuantificables. Si esta diferenciación resulta caprichosa, poco justificada, o influida por simpatías, etc., la unidad del grupo puede quedar sensiblemente afectada. Por ejemplo, se pueden establecer indicadores tales como: niveles de ventas, número de personas atendidas, logro de un reconocimiento externo (tal como la obtención de una norma de calidad), reducción de tiempos de espera, etc.

6. En la medida en que el equipo de trabajo responde colectivamente con sus tareas y logro de los objetivos exigidos, la organización deberá establecer un esquema de recompensas extraordinarias. Este incentivo hará que el equipo haga esfuerzos mayores por lograr las metas, y contribuirá a incrementar su cohesión.

7. Siempre es preferible premiar el trabajo bien hecho que castigar el mal hecho. Si se premia el bien hecho, éste sirve de ejemplo al resto del equipo sobre el nivel de desempeño exigido por la organización. Si sólo se castiga el trabajo mal hecho, los empleados únicamente conocerán qué es lo que hay que evitar para no ser amonestados, y tratarán simplemente de realizar el esfuerzo que cubra las expectativas mínimas de los directivos.

Una mayor motivación da lugar a mayores niveles de desempeño, y esto se verá reflejado en un incremento de la productividad, concepto que estudiaremos en el capítulo siguiente para completar el círculo virtuoso.

15

PRODUCCIÓN Y PRODUCTIVIDAD EN LAS EMPRESAS

Producción y productividad

En un sentido amplio, la *productividad* es la relación que existe entre la *producción* total, o resultado final, y los *recursos utilizados* para obtener ese resultado; esos recursos pueden ser personas, máquinas, instalaciones, conocimiento, materiales, tiempo, esfuerzo, dinero, etc. Veamos primero algunos conceptos asociados a la producción.

Toda organización produce uno o varios de los siguientes productos, según sus objetivos y metas:

Bienes manufacturados: alimentos, vestido, calzado, combustibles, equipos tecnológicos, libros, etc.
Servicios: educación, atención médica, seguridad vial y ciudadana, protección del ambiente, asesorías, consultorías, etc.
Información: resultados de estudios e investigaciones, reportes estadísticos, informes, el contenido de los programas de radio y televisión, etc.
Personas capacitadas: licenciados, médicos, maestros, técnicos, abogados, ingenieros, etc.

Como es obvio, la gran mayoría de las organizaciones también produce residuos sólidos y otros desechos que contaminan el ambiente. El papel que juegan estos productos se trata a continuación con relación al tema de la ética.

PRODUCCIÓN

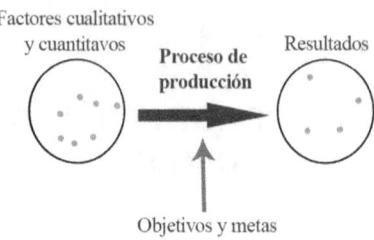

Cualquiera que sea el objeto de producción de una empresa, ésta debe producir según tres elementos fundamentales: *ética, pertinencia* y *calidad.*

La *ética* es un concepto elusivo para definirlo y normalmente se evade su consideración en las organizaciones. Aquí sugerimos que una organización o empresa debe plantearse este asunto respondiendo las cinco preguntas que siguen:

1. ¿Es un producto que representa un beneficio para la colectividad, aun cuando su objetivo inicial sea para un uso individual? Con esto se quiere decir que debe existir una correspondencia entre el bienestar individual y el colectivo.

2. ¿El producto podría estar disponible para una mayoría de la población? Es claro que si se produce un bien que beneficia a un grupo, debe pensarse en cómo hacerlo accesible a muchos otros, para que éstos puedan igualmente beneficiarse de sus bondades.

3. ¿El producto contiene todos los componentes que se ofrecen para un uso seguro y confiable? En la producción de un bien no puede haber margen para el engaño, tales como la ausencia de ingredientes o componentes, o la omisión de información acerca del producto. Producir una medicina de baja calidad es tan pernicioso como dar una educación de mala calidad a una persona.

4. ¿Se garantiza su continuidad de oferta en el tiempo? Esto es crucial, especialmente, en los casos de los productos cuyos componentes son piezas reemplazables.

5. ¿Su producción produce daños al ambiente? Este es el tema de actualidad y lo seguirá siendo por mucho tiempo, en vista de la falta de controles de la emisión de contaminantes al medio ambiente. Es esencial que una empresa se asegure de no producir daños ecológicos y ambientales.

La *pertinencia* se refiere a si el producto está dirigido a satisfacer una necesidad sentida en la comunidad o sociedad en general. Se puede tener una cierta idea de la pertinencia de un producto a través de estudios de mercado o diagnóstico de necesidades; sin embargo, no debe olvidarse que la pertinencia es también una *percepción* del usuario o consumidor.

La *calidad* se refiere a si el producto cumple con estándares de producción (normas ISO, entre otras) y a criterios del uso seguro y duradero.

De esos tres conceptos, la calidad es el que nos puede ser útil para determinar la productividad de una empresa, lo cual se estudia a continuación.

La productividad: de las empresas manufactureras a las organizaciones de servicio.

Es importante reconocer que el desarrollo de las organizaciones de servicios se ha nutrido de la experiencia y las reflexiones en torno a las organizaciones productoras de bienes de consumo masivo. Un concepto fundamental en estas últimas es el de *productividad*, el cual ha sido incorporado en el estudio de una amplia variedad de organizaciones.

Revisemos ese concepto. En cualquier proceso de producción y oferta de un bien se utilizan diversos componentes o factores. Si se aumenta la cantidad de uno de éstos, se supone que la producción aumentará de manera continua. Pero si se empieza a aumentar la cantidad de sólo un factor, la producción total aumentará lentamente, hasta dejar de crecer, y luego puede incluso decrecer, tal como se muestra en el siguiente gráfico.

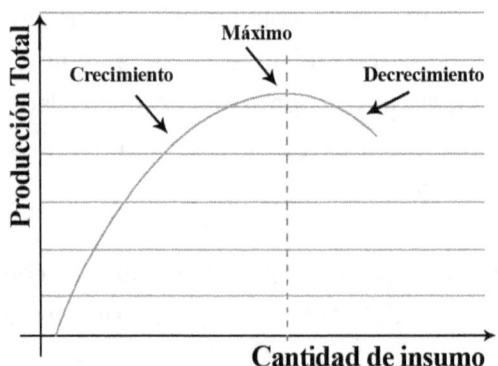

Un ejemplo de esta situación es el de una empresa donde se mantienen invariables las instalaciones, las maquinarias, el número de trabajadores, y los servicios de agua y energía eléctrica, pero se empieza a aumentar el inventario de materias primas. En este caso tendremos, al principio, un aumento de la producción, pero a partir de un punto (el máximo en la gráfica) obtendremos que, por mucha materia prima que sea adquirida, no se logrará aumentar la producción ni siquiera en una unidad; incluso, podría ocurrir que la producción total disminuya. Este efecto se conoce como *la ley de los rendimientos decrecientes*.

Otro concepto que se utiliza para estudiar el funcionamiento de las empresas es el de *producto marginal* o *productividad marginal*, es decir, la relación del aumento obtenido en la producción al agregar una unidad más de un factor. Tal como se puede apreciar en el gráfico siguiente, la productividad marginal, basada en el gráfico anterior, es decreciente desde el principio y, en el punto en que la producción total empieza a decrecer, pasa a ser negativa.

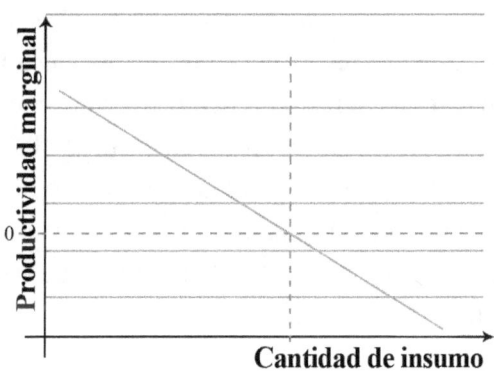

Es decir, debido a la ley de los rendimientos decrecientes, la productividad marginal de la materia prima del ejemplo señalado antes, al igual que la de cualquier otro factor, decrece hasta hacerse nula e incluso negativa. En el gráfico, el eje horizontal en trazo punteado es el nivel cero (0).

Este concepto de productividad ha sido transferido a la práctica organizacional, aunque, por supuesto, no con igual lenguaje, y se aplica especialmente a los equipos de trabajo, lo cual veremos a continuación.

La productividad de los equipos de trabajo

En una organización a veces resulta difícil determinar la productividad, pues los factores que intervienen en la ejecución de una tarea, como es el caso de la motivación, el esfuerzo, el compromiso, entre otros, no siempre son susceptibles de cuantificación. De igual forma, existen grandes diferencias entre la productividad en una empresa productora de bienes y una que ofrece servicios, tales como una escuela, o la Cruz Roja, entre otras.

A pesar de esas limitaciones, en la organización de hoy existe la tendencia a buscar el aumento de la productividad mediante la conformación de equipos de trabajo. ¿Por qué? Por el conjunto de ventajas de éstos y que mencionamos en el capítulo 12. Por supuesto, debemos tener en cuenta que el esfuerzo personal es un factor que se debe considerar para determinar la productividad. Para ello, tenemos necesariamente que cuantificar la producción y relacionarla con los objetivos trazados. De modo que se puede dar el caso de que si un equipo se traza objetivos modestos de producción, es posible que tenga una productividad mayor que la de otro que se trace objetivos más ambiciosos.

Consideremos este ejemplo. En una universidad existen dos centros de investigación que compiten por recursos. Ambos están conformados por equipos de reconocido prestigio académico. El centro A cuenta con cinco investigadores, y el equipo B cuenta con diez. Se sabe que un indicador de prestigio académico es el número de publicaciones. El equipo A se propone obtener cinco publicaciones, y el B se propone obtener diez. Al final del año, el equipo A logró su meta, mientras que el equipo B obtuvo ocho publicaciones. Ante este resultado, el equipo A resultó ser más productivo, porque el equipo B se trazó una meta que no puedo cumplir.

En el caso anterior, y en muchos otros, no olvide que también juega un papel importante el sistema de incentivos y recompensas existente en la organización.

El capítulo 14 terminó con la lógica transitiva siguiente: "una mayor motivación da lugar a mayores niveles de desempeño, y esto se verá reflejado en un incremento de la productividad". ¿Se puede decir que si hay un aumento de la productividad es porque ha habido un incremento del desempeño debido a una mayor motivación? Si ello es así en la organización en la que usted labora, ella se encontrará en el caso ideal de un recorrido del círculo virtuoso en ambas direcciones.

Todo lo que hemos visto en los quince capítulos previos ha dejado a un lado el conflicto, como si la vida de las organizaciones en todo momento transcurriera sin tropiezos ni alteraciones. Nada más alejado de la verdad, y por ello le dedicamos el capítulo final a esta realidad.

16

EL CONFLICTO ORGANIZACIONAL

El conflicto

"Que nunca llegue el rumor de la discordia" (58).

Esta frase, un verso del himno de Maitines (oración de la mañana), llama la atención del paseante del centro histórico de la ciudad de Guadalajara acerca del perjuicio que causa la discordia, cuando está de por medio el interés y la unidad de una nación. A pesar de tal llamado para evitar la desunión, el conflicto siempre existirá. ¿Qué hacer entonces?

Los conflictos en las organizaciones, igual que los errores de los humanos, son inevitables. Y de igual forma que un error puede convertirse en una oportunidad de aprendizaje, un conflicto también lo podemos aprovechar para introducir cambios, para un mejor quehacer; por estas razones, más que hacer esfuerzos por eliminar los conflictos, hay que abordarlos de modo de aprovechar sus beneficios, y de extraer enseñanzas futuras. El problema no es, por tanto, solo la existencia del conflicto, sino la forma de manejarlo.

Aunque existe una tendencia natural a eliminar todo tipo de conflictos porque en general buscamos la paz y la armonía, sería impensable una organización que carezca de ellos. Incluso, un nivel muy bajo de conflictos puede influir negativamente en el desempeño de la organización. En ese caso, podrían no generarse cambios e innovaciones, lo que obstaculiza la adaptación de la organización a su entorno. Por otra parte, un nivel de conflictos elevado conduciría a una dispersión de esfuerzos, a la desviación de recursos para afrontarlos, y haría más difícil la consecución de las metas y objetivos de la organización a corto y mediano plazo.

Tipos de conflictos

Existen dos tipos de conflicto organizacional: el funcional y el no funcional.

Conflicto funcional
Es una confrontación entre grupos que contribuye a mejorar el desempeño y la productividad de la organización; ellos constituyen una fuente de cambios y por esta razón son conflictos necesarios. A este tipo de conflicto se le denomina también de "tensión creativa". Sin embargo, es posible que en algunos casos este tipo de conflicto devenga en uno disfuncional; por ello, los directivos deben hacerle seguimiento, aunque resulte difícil establecer el momento en que ocurre la transformación al disfuncional.

Conflicto disfuncional
Es cualquier confrontación o interacción entre grupos que afecta el cumplimiento de las metas y objetivos de la organización. Aunque normalmente se sugiere que la respuesta a esta situación sea eliminar el conflicto, no debe olvidarse que todo conflicto disfuncional deja secuelas, y a ello se le debe prestar especial atención.

Causas de los conflictos entre grupos

En ciertas organizaciones, la estructura organizacional establece la necesidad de una coordinación o, al menos, una relación frecuente entre departamentos o divisiones. El grado y nivel de esta relación es la causa principal de la existencia de conflictos.

Grupos de trabajo de baja relación
Si las funciones y objetivos de producción de un grupo no dependen esencialmente de otro, hay pocas posibilidades de que surjan conflictos. La fuente de conflictos podría ser por asignación de recursos humanos, materiales y financieros, por el sistema de incentivos, diferencias de expectativas, diferencias de percepción de los objetivos de la organización, "invasión" de zonas de mercadeo, etc. Un ejemplo de ello son las agencias de un banco, o las facultades de una universidad, de franquicias, o de sucursales de empresas distribuidas en distintas zonas geográficas.

Grupos de trabajo de relación secuencial
Si las funciones y productos de un grupo dependen de manera secuencial de lo que haga otro, hay altas posibilidades de que surjan conflictos. Esto puede ocurrir en empresas que producen bienes en serie, en donde una parte del producto es necesaria para completar otra del producto final. En este caso podrían surgir conflictos por plazos de entrega, cantidad y calidad del insumo, etc.

Grupos de trabajo de relación horizontal
Si las funciones y productos de un grupo no dependen de manera secuencial de lo que haga otro, pero en conjunto son necesarios entre sí, hay altas posibilidades de que surjan conflictos. Aquí la fuente de conflictos es principalmente de coordinación, además de una posible falla de apreciación del alcance de las funciones y tareas de los grupos. El compromiso es una estrategia aceptable en este tipo de relación.

Consecuencias de los conflictos

En la sección anterior vimos las posibles causas del conflicto entre grupos. Y vimos las consecuencias positivas que tiene el conflicto funcional para la organización. Ahora veremos el aspecto interesante de las consecuencias que tiene el conflicto disfuncional, tanto dentro de los grupos como con relación a otros, y luego abordaremos algunas estrategias y acciones de cómo abordarlos.

Si el conflicto dentro de un grupo presenta características disfuncionales, los directivos o gerentes deben tomar acciones para resolverlo. En esos casos, es probable que se produzcan algunos cambios tanto en el seno de tales grupos como en relación con otros grupos.

Cambios dentro de los grupos

Mayor cohesión del grupo. Ante la amenaza de cambios estructurales que puedan afectar al grupo, los miembros tratan de dejar a un lado sus diferencias para enfrentar tales amenazas, es decir, hace su aparición una especie de racionalización colectiva para analizar y afrontar las situaciones.

Mayor valoración de la lealtad. En concordancia con el efecto anterior, también podría aparecer una exigencia de mayor lealtad entre los miembros del grupo, lo que conduciría al grupo a comportarse como un "grupo consensual", que ya se estudió en el capítulo 4, caracterizado por el pensar-grupal. Esto podría provocar una mayor propensión al riesgo, es decir, a tomar decisiones que pongan en peligro al grupo y a la organización.

Aparición de un liderazgo autocrático. Es probable que los miembros del grupo consideren la necesidad de designar a un líder que "conduzca la batalla" contra las acciones de los directivos, y que tome decisiones sin consultar previamente al grupo.

Aumento inicial del rendimiento. Ante la situación de amenaza, el grupo puede sentir la necesidad de mostrar mayor competencia en la realización de sus tareas y así aumentar su efectividad; sin embargo, esto es sólo en un corto período, por cuanto cuando el conflicto con su entorno se agudiza, los esfuerzos del grupo se vuelcan a enfrentar las amenazas externas, y dejan a un lado sus funciones y tareas.

Cambios entre los grupos

Disminución de la comunicación. Este es el efecto más importante y de mayor gravedad de un conflicto disfuncional entre grupos. Sus consecuencias para la organización son impredecibles en el caso de grupos de trabajo secuencial o de resultados conjuntos, puesto que el proceso de toma de decisiones podría verse afectado sensiblemente.

Distorsión de la percepción de objetivos. Esto puede ser una causa y también un efecto del conflicto disfuncional; lo cierto es que el conflicto disfuncional agudiza esta distorsión. En este caso, cada grupo valora sus objetivos y su contribución como de mayor importancia para la empresa, y se establece una competencia entre grupos, sobre todo en condiciones de escasez de recursos, pocas recompensas, inestabilidad de condiciones de trabajo, etc.

Estereotipos negativos. En la medida que el conflicto se agudiza, empiezan a aparecer estereotipos que impiden una posible negociación o salida del conflicto; es decir, los otros equipos son considerados como villanos, o muy débiles o tontos para conversar con ellos.

Manejo de conflictos

El inspector y Sherlock Holmes sostienen este diálogo:

> "¿Tiene algún otro punto que quiera comentarme?"
> "El curioso incidente del perro de anoche."
> "El perro no hizo nada anoche."
> "Ese fue el curioso incidente", apuntó Sherlock Holmes (59).

A veces con gran bullicio, pero a veces también imperceptibles como el episodio que llamó la atención de Sherlock Holmes, los conflictos están presentes en la cotidianidad de la vida organizacional.

Normalmente, los conflictos pasan por una serie de etapas, cuyos nombres explican por sí solos en qué consisten. Ellas son:

1. El conflicto latente
2. El conflicto percibido
3. El conflicto sentido
4. El conflicto manifiesto
5. La secuela del conflicto

Existen varias estrategias que podrían ponerse en práctica para intentar resolver un conflicto; en todas ellas, es notable la intervención o participación de un directivo o de una jerarquía superior. Algunas de esas estrategias las mencionaremos a continuación:

Abordaje directo
Consiste en llamar a conversar, a dialogar, a los grupos en conflicto o a quienes éstos designen como sus representantes. Esto es efectivo si el origen del conflicto es, por ejemplo, por una distorsión en la

percepción de los objetivos organizacionales o del alcance de las funciones y tareas de cada grupo.

Planteamiento de objetivos superiores al grupo

En este caso, el directivo plantearía la necesidad de actuar conforme a los objetivos organizacionales y no solo por los de cada individuo o grupo. Puede surtir efecto cuando los grupos se han centrado en sus propios objetivos y hayan descuidado los objetivos corporativos.

Planteamiento de metas concretas

Consiste en valorar los pequeños logros pasados o recientes, para tomarlos como punto de partida de que sí es posible actuar en función de objetivos superiores.

Asignación de recursos

Si la razón del conflicto es la competencia por recursos, la solución consistirá en la revisión de la ejecución presupuestaria de cada grupo. En muchos casos, los grupos son cautelosos en mostrar este factor como fuente de conflicto, por temor a que una auditoría ponga en entredicho la propia eficiencia del grupo. Sin embargo, en condiciones de una buena situación financiera de la empresa, los grupos no dudarían en presentar esta necesidad como causa de conflicto y así lograr mayores recursos.

Compromiso o concesión

El directivo debería indagar hasta qué punto los grupos podrían estar dispuestos a ceder parcialmente en sus demandas en función de los objetivos de la organización. Esto podría surtir efecto en grupos de trabajo de relación poco frecuente.

Decisión jerárquica

Esta es siempre una opción del directivo , en caso de que no sea posible un acuerdo, o que fallen las estrategias anteriores. Ella podría incluir tanto decisiones de naturaleza estructural (cambio de líneas de mando) o de naturaleza personal (traslado de miembros de los grupos). En el mejor de los casos, ello podría dar lugar a un proceso de desarrollo de formación profesional de los miembros de los grupos.

El conflicto, inevitable como es, ha de ser necesario convertirlo en un aliado de la gestión de gerentes y líderes.

17

EPÍLOGO

Los dieciséis capítulos por los que discurrimos acerca de algunos temas de la gerencia constituyen un esbozo del amplio campo de estudio de los factores, mecanismos y procesos que intervienen en el comportamiento de las personas y grupos en una organización.

En este libro consideramos que *el proceso fundamental de una organización es la toma de decisiones*. Esto se basa en que normalmente la idea que nos formamos de una organización proviene de las decisiones que conocemos que en ellas se toman, si bien para muchos de nosotros cada organización -salvo en la que laboramos- es una especie de "caja negra", en el sentido de que no tenemos acceso a su funcionamiento interno. Así decimos, por ejemplo, que una empresa es exitosa porque ha logrado fusionarse (una decisión) con otra para aprovechar las ventajas de un sector del mercado, o que una nación ha logrado un crecimiento sostenido gracias a sus políticas (decisiones) económicas. En ambos ejemplos no podemos decir que conozcamos el detalle de sus procesos internos, pero, su "parte visible" es sin duda la decisión o las decisiones que dan lugar a los logros señalados.

Técnicamente, a ese conjunto de decisiones observables es lo que llamamos comportamiento organizacional. Tal como vimos en el capítulo 5, ese comportamiento impacta el entorno, y la reacción de éste vuelve a la organización, la cual la procesa junto a otros insumos y datos, para tomar nuevas decisiones. Es ese fluir continuo lo que hace a la dinámica organizacional tan atractiva para su estudio, porque toda organización tiene una "vida propia". En esa larga vida que llegan a tener las empresas exitosas, hay cabida para toda clase de ideas, enfoques, métodos, modelos y teorías que le dejan poco espacio a la intuición, cuya utilidad nadie pone en duda en muchos casos, pero que no es suficiente hoy en día, en una época de alta complejidad y de notables avances tecnológicos.

Vinculado a lo anterior está otra idea acerca de la que quisiéramos hacer énfasis en este epílogo. Se trata de que muchas empresas de hoy buscan estabilidad, o, en el mejor de los casos, institucionalizar o consolidar los cambios que se generan dentro de ellas, tal como se dijo al final del capítulo 8. No obstante, creo que si hay algo que debe ser permanente en una organización es *la idea de cambio*. La frase anterior puede sonar como un oxímoron, pero aun en las organizaciones más estables debe mantenerse un compromiso con el cambio, con la innovación.

De modo que es con las ideas del *cambio* y la *innovación*, inmersas ambas en el proceso de toma de decisiones, como la organización de hoy puede enfrentar los grandes desafíos de su entorno.

REFERENCIAS Y NOTAS

(1) Poniatowska, Elena (2011). *Leonora*. Seix Barral. México.

(2) Picón Salas, Mariano (1983). *Viejos y nuevos mundos*: *Notas sobre el problema de nuestra cultura*. Biblioteca Ayacucho. Caracas, Venezuela.

(3) Drucker, Peter (1974). *La gerencia de empresas*. Edit. Sudamericana. Buenos Aires. Argentina.

(4) Simon, Herbert (1962). *La nueva ciencia de la decisión gerencial*. Edit. Ateneo.

(5) *El Ojo*, de Khalil Gibran, en *El loco*, edición de Longseller, 2007. Argentina.

(6) Hogarth, Robin (1980). *Judgement and choice. The psychology of decision*. John Wiley & Sons, Chichester, England.

(7) Museo del Prado, Madrid, España.

(8) Simon, Herbert (1979). *Rational decision making in business organizations*. The American Economic Review.

(9) Gardner, Martin (2006) !*aha Gotcha* !*aha Insight*. The Mathematical Association of America. USA.

(10) La probabilidad de que sean tres de un sexo y uno de otro es ½, o sea, mayor que 3/8, que es la probabilidad de que sean dos de cada sexo.

(11) Tomado de Hogarth, Robin (1980). Obra citada.

(12) Al hacer los cálculos con la teoría bayesiana, resulta ser 0,0872, es decir, 8,72%.

(13) Tomado de Hogarth, Robin (1980). Obra citada.

(14) Al hacer los cálculos con la teoría bayesiana, resulta ser 0,4138, es decir, 41,38%.

(15) *Deep Blue* fue la primera computadora en vencer a un campeón mundial, Gary Kasparov, en medio de una polémica que aún no cesa.

(16) Amabile, Teresa. (1998). *How to kill creativity*. Harvard Business Review. Septiembre-Octubre, 77-87.

(17) Orozco, José Clemente (2009). *Autobiografía de José Clemente Orozco*. Ediciones Era. México.

(18) Orozco, José Clemente (2009). Obra citada.

(19) Treffinger, Donald; Isaksen, Scott y Stead-Dorval, Brian. (2006). *Creative Problem Solving*. Prufrock Press Inc. Waco, Texas, USA.

(20) Buckingham, Marcus y Coffman, Curt. (1999). *First, break all the rules*. Simon & Schuster. New York. USA

(21) También se utiliza el término *brainstorming*.

(22) Gordon, William (1961). *Synectics*. Macmillan Publishing Co., Inc. USA.

(23) También se le conoce como *diagramas de afinidad*. Son un cierto tipo de mapas de conceptos.

(24) Este término proviene de *groupthink*, introducido por Irving Janis en la década de los 70. También es referido como *pensamiento convergente*.

(25) Es un mecanismo psicológico que consiste en la búsqueda de argumentos para justificar una acción.

(26) El término es utilizado por Irving Janis. Obra citada.

(27) Un *abogado del diablo* argumenta indistintamente a favor o en contra de una opción.

(28) Conocida como la *Paradoja de Condorcet* (Marie-Jean-Antoine Nicolas de Caritat, marqués de Condorcet, 1743-1794).

(29) Edwards,Ward (1954). *The theory of decision making*. Psychological Bulletin, (51), 382-417.

(30) Vroom, Victor y Yetton, Phillip. (1973). *Leadership and Decision-Making*. Pittsburgh: University of Pittsburgh Press. USA.

(31) Carroll, Lewis (1988). *Alicia en el país de las maravillas*. Alianza Editorial. Colombia.

(32) Por ejemplo, la posición y la cantidad de movimiento, la energía y el tiempo, etc.

(33) Einhorn, Hillel y Hogarth, Robin (1999). *Toma de decisiones. Avanzar marcha atrás.* En *La gestión en la incertidumbre.* Ediciones Deusto, S. A. Bilbao, España.

(34) Cavafis, C. P. (2006). *Antología Poética.* Edición de Pedro Bádenas. Alianza Editorial. Madrid, España.

(35) Modelo desarrollado a mediados de los años 70 en el Instituto Tavistock de Relaciones Humanas.

(36) Marina, José Antonio (2007). *Anatomía del miedo.* Edit. Anagrama. Barcelona, España.

(37) Dirac, P. A. M. (1971). *The development of quantum theory.* Gordon and Breach Science Publishers. New York, USA.

(38) Freeman, Philip (2009). *Julio César.* Editorial Planeta. Barcelona, España.

(39) Maquiavelo, Nicolás (2007). *El Príncipe.* Edit. Espasa Calpe, S. A. España.

(40) Bennis, Warren (1991). *On becoming a leader.* Addison-Wesley Publishing Company, Inc. Canada.

(41) Rodríguez, Simón (1990). *Sociedades americanas.* Ediciones Biblioteca Ayacucho. Caracas. Venezuela

(42) Pfeffer, Jeffrey (1993). *El poder en las organizaciones.* Edit. MacGraw-Hill. España.

(43) Mayor, Federico (1995). *La memoria del futuro.* Ediciones UNESCO.

(44) Bennis, Warren (1991). Obra citada.

(45) Kotter, John (1999). *La verdadera labor de un líder.* Grupo Editorial Norma.

(46) Rodríguez, Jesús y Bustamente, Suleima. (2000). *Taller de comunicación gerencial.* Caracas, Venezuela.

(47) Schumpeter, Joseph (1934). *The theory of economic development.* Cambridge, MA. Harvard University Press.

(48) Aït-El-Hadj, Smail (1990). *Gestión de la tecnología. La empresa ante la mutación tecnológica.* Ediciones Gestión 3000. Barcelona, España.

(49) Rodríguez, Jesús (2006). Innovación, innovatividad y políticas públicas. *Revista de Educación Laurus,* Año 12, número 22. Caracas, Venezuela.

(50) Kuczmarsky, T. D. (1997). *Innovación*. Editorial McGraw-Hill. Colombia.

(51) A partir de ahora, cuando hablemos de *equipo* queremos decir *equipo de trabajo*.

(52) Yourcenar, Marguerite (1999). *Memorias de Adriano*. Editorial Sudamericana. Buenos Aires, Argentina.

(53) Pfeffer, Jeffrey (1993). Obra citada.

(54) Maslow, Abraham H. (1943). *A theory of human motivation*. Psychological Review, vol. 50, pp. 370-396.

(55) Herzberg, Frederick (1987). *One more time: How do you motivate employees?* Harvard Business Review, Sep/Oct87, vol. 65, No. 5, pp.109-120.

(56) Alderfer, Clayton (1972). *Existence, relatedness, and growth: Human needs in organizational settings*. Free Press, New York.

(57) Adams, John S. (1963). *Toward an understanding of inequity*. Journal of Abnormal and Social Psychology, vol. 67, pp. 422-436.

(58) Inscripción en el alquitrabe frontal del Teatro Degollado, Guadalajara, México.

(59) Conan Doyle, Arthur (1892). *Silver Blaze. The Memoirs of Sherlock Holmes*. En: http://www.gutenberg.org/files/834/834-h/834-h.htm.

ACERCA DEL AUTOR

Jesús Rodríguez Gómez es egresado del máster de Administración de Empresas del Instituto de Estudios Superiores de Administración, IESA, de Caracas, Venezuela. Es, además, doctor en Física de la University of California, Riverside, EEUU, y egresado como profesor de Física de la Universidad Pedagógica Experimental Libertador, de Venezuela, institución en la que ha ejercido la docencia y guiado numerosas investigaciones en el postgrado de Gerencia Educacional. Es asesor en el área de inteligencia empresarial y toma de decisiones estratégicas.

www.ingramcontent.com/pod-product-compliance
Lightning Source LLC
Chambersburg PA
CBHW051319170526
45166CB00002B/604